맺힌 말들

맺힌 말들

각자의 역사를 거쳐 가슴에 콕 박힌
서툴지만 마땅한 마음의 낱말들

박혜연

아몬드

마음의 낱말, 낱말의 마음

〈More than words〉. 미국의 록 밴드 익스트림의 세 번째 싱글로, 발매 당시 빌보드 싱글 차트 1위를 차지했던 노래다. 노래는 이렇게 시작한다.

"나를 사랑한다는 말을 듣고 싶은 게 아니에요. 그 말을 하지 말라는 건 아니지만요."

사랑한다는 말로는 지금 너를 향한 내 마음을 다 전하기에 부족하다는 낯간지러운 표현은 사랑에 빠진 사람들끼리 흔히 하는 관용어에 가깝지만, 익스트림은 한술 더 떠서 상대에게 나를 '말보다 더' 사랑해달라고 노래한다.

그럴 때가 있다. 말로는 내 마음을 다 표현하기 어려워서 난처하고 막막할 때. 마음이 말보다 저 뒤에 있거나 훨씬 큰 것만 같을 때. 언어는 마음을 얼마나 잘 반영하는가. 아니, 언어와 마음의 관계는 충분히 직접적이고 분명한가.

많은 심리학 실험 결과들을 종합해보면, 인간은 태어나 언어를 습득하기 전이라도 '생각'이란 걸 할 수 있다. 그러나 생각의 발달은 언어 발달과 궤를 같이 하므로 생각과 언어는 서로 깊이 연결되어 있고 영향을 주고받는다. 그래서 마음이 말로 이루어져 표현되기도 하고, 말이 마음의 모양새를 결정하기도 하는 것은 어쩌면 당연하다.

ㅁ

내담자가 되어 심리 상담을 받던 오래전 어느 날의 상담 시간, 어떤 단어를 말하려는데 턱이 덜덜 떨리고 눈물이 먼저 쏟아져 쉽게 입 밖에 낼 수 없었던 기억이 있다. 시간을 들여 겨우 한 음절씩 어렵게 발음했던 그 단어는 평소엔 아무렇지도 않게 쓰고 듣는 낱말이었는데, 그 시절의 나는 그것을 내뱉음으로써 거기에 담기는 내 마음을 마주하고 감당하는 것이 힘들었던 것 같다.

심리 상담은 말에 마음을 정확하게 담아내기 위한 노력의 과정과 다름없다. 그 과정에서 때로는 한 사람의 깊은 마음과 연결되어 있는 낱말들을 만날 수 있다. 그 낱말의 의미는 지극히 개인적인 역사를 거쳐, 대개 일반적인 뜻과 달라져 있거나 좀 더 넓은 범위의 대상들로 확장되어 있다.

나에겐 언제나 그런 것이 중요했다. 누구나 일상적으로 쓰는 '믿는다', '예쁘다', '존재감', '끈기'와 같은 말들이 각자에게 서로 다른 의미인 것이. 그래서 그 말들을 사용해 소통을 시도하나 결국 만날 수 없는 마음들이. 정확한 말을 찾지 못해 어딘가에 숨겨져 있는 생각과 감정이.

정확하지 않을까 봐 겉으로 표현하기에 엄두가 나지 않는 두려움이.

그래서 임상심리학자로서 심리 상담을 하면서, 내담자가 하는 말 한마디 한마디를 잘 새겨듣고 적당한 단어를 잘 골라서 신중하게 말하기 위해 애를 쓴다. 내담자에게 특별한 단어나 어구가 있을 때는 그 말의 의미가 일반적인 뜻과 같은지 확인해본다. 개인의 역사적, 상황적 맥락에서 신중하게 살피다 보면 이해할 수 있는, 그 말에 담긴 마음. 그런 말과 마음들을 가만히 생각하며 혼자 주억거리다가 글을 쓰게 되었다.

ㅁ

이 책은 누군가의 마음에 맺혀 있던 낱말들을 단서로 그 마음의 실체를 따라가 보는 짧은 여정, 아니 짧지만은 않은 여정이다. 조심조심 따라가다 보면 그 여정 끝에, 있어선 안 될 자리에 생긴 결절 같고 매듭 같이 맺혀 있던 말들이 어느새 제자리를 찾아 마땅한 의미로 열매 맺히는 것을 보게 될 것이다.

심리학을 이야기하지만 전공서는 아니고 그렇다고 가볍게 술술 읽히는 에세이집도 아닌 책을 쓰느라, 때때로 마음이 오락가락했다. 심리학자로서 심도 있는 심리학 지식을 전달할 것도 아니고 그저 따뜻하고 다정한 위로를 전하고 싶은 것도 아니라면, 책이 과연 어떤 쓰임새가 있을지 자신하기 어려웠기 때문이다.

다만 우리가 늘 쓰는 어떤 말들이 마땅한 마음을 담아낼 때의 이야기와 그렇지 않을 때의 이야기를 담담하게 풀어내고자 노력했다. 그 과정이 때로는 흥미진진했고 자주 가슴이 묵직해져서 숨을 골라야 했다. 내가 가려 뽑은 이 말들이 이제는 제각각의 마음에 가닿아 새로운 의미로 맺히기를 바란다.

그리고 바람이 하나 더 있다. 정확한 언어를 찾기란 쉽지 않은 일이다. 자꾸 말하다가 실수할까 봐, 내 진심이 오해받을까 봐 꺼려지는 마음도 안다. 그러나 누구라도 마음을 더 잘 말하고자 노력하길 바란다. 마땅한 말을 잘 골라서 발음하고 그 말에 의미를 부여해서 표현하는 이들이 점점 많아지길 바란다. 결국 많은 마음이 어느새 형태를 갖추어 실체가 되는, 그래서 사람들이 그 마음을 서로 정확하게 주고 또 받는 상상을 해본다.

책의 반절은 상담 장면에서 발견한 누군가의 특별한 낱말을 골똘히 생각해보다가 썼고, 나머지 반절은 우리가 일상에서 쉽게 사용하나 때로는 여러 다른 뜻을 품고 있는 단어를 수집해 쓴 글들이다.

상담 이야기의 주인공들은, 바쁘고 고단한 삶에서 한 부분을 기꺼이 떼어내서 그 소중한 시간을 나와 함께 보낸 이들이다. 모든 주인공은 성별을 구분하지 않기 위해 가명 없이 '그'로 통칭했고, 개인을 특정할 만한 사회적 단서는 제외시키거나 사실과 다르게 바꾸었다. 그래서 책속 이야기들은 누군가의 특별한 이야기이면서도 누구라도 주인공이 될 수 있는 보편적인 이야기가 되었다.

깊은 소통에는 용기가 필요하므로 '그'들의 용기 앞에서 언제나 다만 겸손해질 수밖에 없었다는 것을, 만남의 시간이 귀했듯이 회상하며 글을 쓰는 시간도 무척 의미 있었다는 것을, 그리고 진심을 다하고 싶어 문장을 고르는 시간이 길었다는 사실을 '그'들에게 전하고 싶다.

차례

1

일의 말들

존재감

존재감. 누가 봐도 뭐 하나 빠지는 것 없는 엘리트인 그가 상담 중에 자주 입에 올리는 단어였다. 존재存在란 '있다' 와 '있다'가 만난 단어로 그저 '있다'라는 뜻이며, 표준국 어대사전에는 '현실에 실제로 있는 대상'이라고 적혀 있 다. 그렇다면 존재감은 말 그대로 '존재가 실제로 있는 느 낌'이겠다.

그렇다. 존재감이란 실은 존재감이 없는, 즉 '느껴지지 않는' 존재가 존재해야 비로소 존재 이유가 생기는 단어 다. 어딜 봐도 너무 존재가 느껴지는 그가 자신의 존재감을 그렇게까지 늘상 불안해하는 것은 존재감이라는 단어의 아이러니와도 흡사했다.

세상 외진 곳에서 어렵게 사는 사람들을 돕는 일을, 주목받는 자리에서 하길 원하는 아이러니가 그에게 늘 내적 갈등을 유발하는 고민거리이자 해결해야 할 숙제였다. 회사에서 팀원들과 사이좋게 지낸 얘기를 하며 표정이 밝다가도 '핵심부서'나 '라인'에 갑자기 촉각을 세웠고, 최고가 되고 싶진 않지만 주류에 끼고 싶다고 했다. 또 인사이동 시즌이 되면 좀 더 주목받으며 일할 만한 부서로 옮길 가능성을 생각했고, 입사 동기 모임을 하고 오면 늘 누군가를 자기보다 존재감이 있는 사람으로 칭하며 초조해했다. 업무 회의에서 두드러진 발언을 한 사람과 그 말들을 오랫동안 생각하며 열등감을 느끼기도 했다.

그는 일란성 쌍둥이 중 형보다 몇 분 늦게 태어난 동생이었다. 부모님 입장에서는 쌍둥이로 품고 있다가 낳고 보니 먼저 나온 놈보다 약해서 늘 걱정이 되었던 둘째. 쌍둥이 형은 튼튼하고 활달하고 적극적이어서 친구가 많고 밖에서 잘 뛰어노는데, 그는 엄마 품에서 떨어지길 어려워했고 엄마도 걱정을 쉽사리 놓지 못했다. 그래서 엄마는 늘 형에게 동생 챙기기를 부탁했고, 동생은 언제나 형을 쫓아다니기 바빴다. 그렇게 형을 쫓아다니며 형이 친구들과 노는 판에 기웃거리고 형한테 치대며 크다가, 언제부터인가는 암묵적인 룰이 생겨서 각자 다른 친구와 놀고 서로 다른 학교로 진학해 다른 길을 가게 되었다. 사정을 알고 나니 '그랬구나' 싶었다.

ㅁ

과학의 영역에서 쌍둥이 연구는 유전과 환경이 개체의 특성에 미치는 영향을 알아보는 데 더없이 좋은 방법이다. 일란성 쌍둥이는 하나의 난자와 하나의 정자가 만나 형성된 수정란이 두 개로 분화해 성장하므로 유전자 일치

율이 백 퍼센트에 가깝고, 같은 부모에게서 자라니 환경적 요인도 유사하다. 반면, 이란성 쌍둥이는 두 개의 난자가 서로 다른 정자를 만나 한 자궁 안에서 각각의 수정란으로 자라고 생전에는 태내 환경을, 생후에는 양육 환경을 공유한다. 따라서 연구자들은 일란성 쌍둥이와 이란성 쌍둥이를 비교하는 작업을 통해 유전이 개체의 특성에 미치는 영향에 관해 큰 단서를 얻는다.

그런데 최근, 일란성 쌍둥이도 유전적으로 백 퍼센트 같지는 않다는 것을 보여주는 연구 결과[1]가 발표되었다. 수정란이 두 개로 분리된 후 각각의 배아에서 세포가 분열되는 과정에서 평균 약 5.2개의 유전적 변이가 일어난다는 것이 밝혀졌는데, 이는 일란성 쌍둥이라도 서로 유전적으로 완전히 일치하지는 않음을 보여주는 증거다. 과학 잡지 〈더 사이언티스트 The Scientist〉는 이 연구를 발표한 아이슬란드의 유전자 연구 기업 디코드 지네틱스 deCODE Genetics의 CEO이자 논문의 공저자 카리 스테판슨 Kári Stefánsson을 만나 인터뷰하던 끝에 이렇게 물었다.

"그럼 이제 우리는 더는 일란성 쌍둥이를 '똑같다'라고 하면 안 되는 걸까요?"

스테판슨 박사는 웃으며 이렇게 대답했다.

"일란성 쌍둥이는 실제로 서로 상당히 유사하므로 '똑같다'고 말하는 사람들을 언짢게 할 필요는 없다고 생각합니다. 그러나 일란성 쌍둥이 사이에 있을 수 있는 어떤 차이점을 이해하고자 한다면 '똑같다'라는 말에서는 한두 걸음 떨어져 있어야 하죠." [2]

우리는 2021년에 들어서야 일란성 쌍둥이에게서 관찰되는 서로 다른 점들이, 교육 환경이나 생활 습관 같은 환경적 요인의 차이뿐 아니라 본성 자체의 차이로 인한 것일 수 있음을 확인한 셈이다.

'정체성'은 나와 타인의 같은 점을 확인하고 다른 점을 구분하는 과정에서 자신의 고유함을 찾음으로써 형성된다. 따라서 정체성 형성에는 '어떤 것이 같은지'도 '어떤 것이 다른지'만큼 중요하다. 그러니 공유하는 특성이 유난히 많은 일란성 쌍둥이는 '우리의 같음' 가운데 '자신만의 다름', 즉 자신의 고유성을 치열하게 찾아 개발하며 자라는 존재일 것이다. 그런데 조금씩 차이 나는 것들이 발견될 때마다 우열을 갈라 비교하는 평가적인 시선 속에서 자란다면, 어린 나이부터 얼마나 자신의 존재에 대한 고민이 무거울까.

¤

늘 자신의 존재감과 다른 사람의 존재감을 견주어 심리적인 압박감과 불안감을 표현하던 그에게 자기 존재의 개성과 자존을 느끼고 표현하는 것은 얼마나 큰 숙제였을지, 그 마음을 헤아려 짐작해보자니 숙연해졌다. 그러다 어느 날 작정을 하고 그에게 존재감이란 어떤 의미인지 물었다.

"'존재감이 있다'라는 것은 어떤 의미인가요? 존재감이 없다는 것은요?"

상담 중 내담자에게 중요한 질문을 할 때 보통 답을 한정시켜 예상하지는 않지만, 전혀 생각하지 못한 대답이 돌아오는 순간이 있다. 그 순간, 내담자의 깊은 속내를 들여다볼 소중한 기회가 열린다. 그럴 땐 한참 동안 아무 말도 할 수가 없다. 그날 그의 대답이 그랬다.

"존재감이 없다는 것은요. 외로운 것 같아요. 존재감이 있으면 사람들이 알아봐주고 같이 있잖아요."

그는 주변에 자신의 존재감을 뽐내서 자기를 드러낼 기회를 얻거나 독보적으로 인정받아 영향력을 미치고 싶었던 것이 아니었다. 그가 정말 불안해하고 두려워한 것은 존재감이 없어서 핵심부서에 가지 못하거나 주목을 받는 프로젝트를 맡지 못하거나 승진에서 밀리거나 정년까지 무사히 자기 자리를 지키지 못하는 것이 아니라, 외롭게 지내는 것이었다. 사람들에 둘러싸여 온기를 느끼며 지지

받고 정을 나누지 못할까 봐, 혹여 혼자 남아 다른 사람들끼리 어울리는 모습을 밖에서 지켜보기만 할까 봐, 관계에 끼지 못하고 떨어져 있게 될까 봐 두려운 것이었다. 그래서 그저 사회적 무리의 위계 중 중간 어디쯤 자리를 차지하며 뒤처져 고립되지 않고 그 속에 있고 싶었던 것이다. 외톨이로 지내는 것이 아니라 나를 찾는 사람들과 관계 맺고 함께 지내는 것, 그게 그가 그토록 오랜 시간 동안 자신의 존재감과 다른 사람의 존재감을 신경 써온 이유였다.

몸이 약해 열등했던 동생으로서 쌍둥이 형과 놀기 위해, 그 친구들 사이에 끼기 위해 치열하게 성장해야 했던 그. 그는 결국 튼튼해지고 공부를 잘하게 되고 자기 친구들을 만들면서 별책부록 같은 존재에서 벗어나 독립적인 한 사람으로 인정받게 되었지만, 그렇게 되기까지 견뎌야 했던 외로움과 갈등과 노력의 시간은 그 마음 저 아래에 녹지 않은 앙금처럼 가라앉아 있었나보다.

고개를 떨군 채 머뭇머뭇 어렵게 말하는 그는 형을 쫓아다니던 아이의 등을 하고 있었고, 나는 그 등을 가만히 쓸어줄 수 있다면 좋겠다고 생각했다. 우리는 왜 그렇게 다른 사람의 존재감에 위협을 느끼고 나의 존재감을 불안해할까. 그 질문에 그는 이렇게나 진솔한 답을 자기 안에서 발견하여 조심조심 꺼내 자신도 보고 나에게도 보여주었다. 그 용기 있는 시간을 지나고 나서 다음 번에 만난 그는 외국에 사는 그의 쌍둥이 형에게 전화를 걸어 오랜만에 아주 긴 얘기를 나눴다는 말을 전해주었다. 그 얘기를 하던 그의 아이와 같이 반짝이는, 자기 말을 알아듣는 사람에게 보내는 신뢰의 눈빛은 참 따뜻했다.

할 말

세상에 할 말 다 하고 사는 사람은 없다고들 한다. 그래서 저 할 말 다 하는 듯한 사람은 흔히 욕을 먹거나 질타의 대상이 된다. 그런데 저 할 말도 못 하고 있는 사람은 또 모자란 사람 취급을 받는다. 상담을 받으러 오는 사람은 보통 할 말이 있는 사람이다. 할 말이 있다는 것은 마음속에 맺힌 이야기가 있다는 뜻이다. 어느 때는 할 말이 없는 사람이 오기도 한다. 딱히 할 말은 없고 무슨 말을 해야 할지도 모르겠는데 뭐라도 말해야겠기에 온다. 그러면 같이 힘을 합쳐서 그 마음을 들여다보려 노력하고, 그러다 보면 할 말을 찾게 된다.

그는 입사한 지 일 년도 채 되지 않은 신입 직원이었다. 옷차림이나 태도가 차분하고 조용해보였지만, 일에 의욕적이고 인정받고자 하는 열정이 크다는 것을 만난 지 얼마 되지 않아서 알게 되었다. 그의 고민은 직장에서 상사가 의견을 물을 때나 회의 중 아이디어를 얘기해야 할 때 우물쭈물하다가 결국은 상사에게 지청구를 듣기 일쑤고 그런 일이 반복되다 보니 점점 불안하고 우울해진다는 것이었다. 동료들은 말할 것도 없고 심지어 인턴 사원까지 빠릿빠릿하고 적극적인데 나는 왜 이럴까 하는 자책이 심했고, 날마다 자신을 주변 사람들과 비교하느라 위축되어가는 중이었다.

그렇다고 그가 할 말이 없는 것은 아니었다. 상사의 질문에도 할 말이 있었고, 질책에도 할 말이 있었다. 다만 타 부서의 협조를 구해야 하는 상황에서 도움을 받을 만한 직원이 있느냐는 질문에 금방 대답하지 못하다가 이내 없다고 답한 이유는, 떠오른 몇 명의 상황이나 업무량을 고민하느라 그랬던 것이었다. 아이디어를 질문받았을 때는 자기 생각의 참신함이나 실행 가능성을 오래 가늠하느라 똑 부러진 답을 할 수가 없었다. 상사들은 신입 직원의 부족하나마 빠르고 시원시원한 반응이 적극적인 태도를 반영한다고 생각하기 마련이므로, 답을 고르다 결국 하지 못하는 그에게 답답함을 느끼고 의욕이나 표현력, 적극성을 문제 삼았다.

전에는 어땠는지 묻다가 학창 시절 이야기로 자연스럽게 이어졌다. 예전엔 이런 고민을 한 적이 없다고 하기에, 좀 더 구체적인 질문을 던졌다가 뜻밖의 이야기를 들었다. 부모님의 직장 문제로 가족이 여러 나라를, 짧게는 2년에서 길게는 3~4년마다 옮겨 다녔다는 것이다. 들어보니 언어나 문화가 전혀 다른 나라들이었다. 초등학교에서도 여러 번 전학해야 했고 어떤 곳에서도 오래 머물 수 없었기 때문에 어렵게 적응했나 싶으면 떠나야 했다고 한다. 형제들은 적응이 어려워서 때때로 학교 가기를 거부하기도 했는데, 다행히 본인은 힘들게나마 열심히 적응해서 그런 일이 없었다는 말도 덧붙였다. 적응의 전략이나 비법이 있었냐고 물었더니 새로운 나라, 새 학교에 가면 처음에는 언어도 모르고 모든 것이 낯설어서 필요한 말을 외우고 주변 사람들을 가만히 살펴보고 눈치껏 따라했다고 했다. 있는 듯 없는 듯 조용히 지내면서 몸을 사리고 있다가 주변을 살피며 점차 적응해나가는 것이 그의 방식이었다. 성인이 되어 자기 인생을 스스로 결정할 수 있게 되자, 더 이상 옮겨 다니지 않고자 우리나라 대학에 진학하기로 결정했단다. 그 시절을 떠올리는 그의 눈에 눈물이 맺히는 걸 보니 어지간히 고단한 시절이었음을 짐작할 수 있었다. 그런 그에게 이 직장은 오랜만에 이사 간 이국의 낯선 학교였다.

기가 차서 무슨 말을 해야 할지 난감하거나 매우 면목이 없어서 말을 아껴야 하는 경우에조차, 할 말이 없는 사람은 없다. 할 말 없다는 것도 의견이기에 할 말을 하지 못하는 사람은 실은 하지 않기로 결정한 사람이다. 그 편이 더 나아서, 그게 덜 힘들어서, 그럴 필요가 있어서.

ㅁ

낯선 이국땅에 도착해, 모르는 말을 쓰는, 나와 다르게 생긴 아이들 사이에 놓인 한 아이를 생각해본다. 애써 외워온 몇 단어, 문장을 머릿속에서 암송해보며 다른 아이들은 누구를 부를 때 뭐라고 하는지, 선생님이 말을 시키면 어떻게 반응하는지 찬찬히 관찰하는 그 아이의 눈빛을 상상한다. 속상한 일도, 억울한 순간도 있겠지만, 지금은 그게 최선이라 그저 조용히 살펴보고 듣고 삭힌다. 나의 이야기를 할 수 있을 때까지, 나의 언어로 주장하고 표현할 때까지 입지를 만들어간다. 세상에 누가 있을까, 그 아이의 할 말을 그 자신보다 정확하게 할 수 있는 사람이.

자신이 이제껏 말도 안 되게 어려운 일들을 해낸 끝에 이 자리에 있다는 것을 상기시키고, 그의 할 말이 자연히 흘러나올 날이 머지않았음을 장담하는 것 외에 달리 내가 할 일은 없었다. 다만 그가 이 낯선 곳에 적응해 결국 할 말을 잘하게 되려면 시간이 걸릴 텐데, 그때까지 너무 의기소침하지 않기 위한 방법을 몇 가지 제안했다.

자기 스타일대로 적응할 자신을 믿으며 빠릿빠릿해 보이는 주변 누군가의 일면과 섣불리 비교하지 않기, 반응이나 의견을 기다리는 사람에게 생각의 과정을 알려줘서 답답해하지 않도록 도와주기, 상사가 인신공격으로 느껴질 만큼 심하게 질책할 때는 누가 더 오래 여기에 있을 것 같나 맘속으로 생각해보기.

다음 상담에 그는 놀라운 소식을 들고 왔다. 선배들에게 잘하고 있다는 격려의 메시지와 작은 선물을 받았다고 했고, 회의 후 당시에 있었던 일을 오래 곱씹지 않으려고 노력하면서 근무 중 느끼던 우울감이 줄어들었다고 했다.

그리고 늘 자신을 답답하다며 못마땅해하던 상사의 퇴사가 결정되었다고 했다. 나는 "어머나, 저는 이제 어디다 자리를 깔아야 할까 봐요" 하고 으스댔고, 우리는 같이 웃었다.

끈기가 없다

그는 자기가 끈기 없고 의지가 약해서 뭘 시작하면 안 된다고 했다. 지금의 생활이 만족스럽지 않은데 다른 좋아하는 게 뭔지도 모르겠고, 좋아하는 게 생겨도 오래 못할거라는 얘기를 하던 중이었다. 대학을 졸업한 후 십 년 가까이 한 직장에서 이런저런 일들을 겪으며 열심히 버텨온 사람이었기에, 친구와 맥주를 마시는 자리였다면 뭔 말도안 되는 소리를 하냐며 먹던 거나 먹으라고 핀잔을 주기에 딱 적당한 순간이었다. 그러나 나는 그의 상담자였다. 물끄러미 그의 눈을 바라보며 물었다.

"자신에게 끈기가 없다고 생각하신다는 거네요. 하다가 끈기 없이 중단한 일이 있었던 거예요? 어떤 일이 있었는지 얘기해보시겠어요?"

어떤 만화 캐릭터를 좋아해서 굿즈를 잔뜩 사들이다가 싫증이 나서 그만뒀고, 악기를 배우다가 몇 개월 만에 시들해져서 레슨을 관뒀다고 했다. 아… 나로 말하자면 마침 얼마 전 어떤 재즈 앨범에 꽂혀서 한 보름간 아예 연주자의 패밀리를 파다가 플레이리스트에서 삭제해버린 지 얼마 되지 않은 참이었고, 어떤 운동을 시작하면 대체로 2~3개월 하다가 그만두면서 '내가 의지가 약한 게 아니라 의지가 바뀐 거'라고 주장하는 사람이기에, 역시 친구가 그런 말을 했다면 이렇게 얘기했을 거다.

"뭐래? 그럼 무슨 캐릭터 하나를 영원히 좋아해야 하냐? 다 노느라 하는 건데 재미없어지면 바꾸는 거지. 애들도 새 장난감 사주면 한참 끼고 살다가 내려놓고 딴 거 갖고 놀더라."

그러나 나는 역시 그의 상담자였다. 자신의 빠른 포기와 싫증 사례를 우물쭈물 고백하면서 눈동자가 흔들리고 있는 그에게, 눈으로는 "괜찮아, 괜찮아, 괜찮아"라고 말하며 입으로는 다시 질문을 했다.

"재미있는 것을 찾아서 취미 생활을 하다 보면 흥미가 곧 줄어들 수도 있고, 그건 자연스러운 것 같아요. 끈기, 의지 같은 말을 취미 생활이나 재미있는 활동에 쓰지는 않아요. 뭔가 하다가 끈기가 없었거나 쉽게 싫증나서 그만둔 적이 또 있었어요?"

이번엔 부모님의 권유로 어떤 자격증 시험을 준비하다 금방 그만둔 얘기를 했다. 그런데 그건 그가 원해서 시작한 것이 아니었고, 게다가 당시에는 이미 안정적인 생업이 보장되어 있었다.

그랬다. 그는 놀랍게도 아직 한 번도 스스로 하고 싶은 일을 선택해서 그 일에 몰두하거나 노력해본 적이 없었고, 시작을 해본 적이 없으니 당연히 중도 포기하거나 실패한 적도 없었다. 열정적인 면이 있는 사람이지만 그 열정은 단순한 취미 생활로 향할 수밖에 없었을 뿐, 끈기 있게 달려들어야 할 일은 늘 부모님이 정해주었다. 스스로 하고픈 뭔가를 정해서 시작을 해봤어야, 해볼 마음을 먹어 봤어야, 의지고 끈기고 간에 발휘를 하든가 말든가 할 일이 아닌가. 그런데 그는 엉뚱하게도 오랫동안 자신을 의지박약에 쉽게 싫증을 내는 사람으로 생각하고 있었나 보다.

상담 세션이 이어지면서 그가 부모님에 의해 설계된 삶을 사는 와중에 그래도 할 수 있는 한 자신만의 성취를 일궈왔음을 확인할 수 있었다. 대학 4학년 졸업반 때에는(전공은 스스로 정한 것이 아니지만) 어차피 취직할 것이니 기왕이면 좋은 직장으로 가고 싶은 욕심에 열심히 공부한 끝에 학과에서 1등을 해서(4학년 때 1등이라니!) 장학금을 받았다고 했고, 부모님의 통제에서 벗어나고자 자란 곳을 떠나 다른 지역으로 취업하는 데에 성공했고, 그 새로운 세상의 온갖 낯선 것들 가운데서 무려 10년 가까이 도망가지 않고 버텨왔다. 이것들은 오롯이 그가 자신의 내적 동기에 의해 노력한 끝에 얻은 성취였고 끈기와 의지력 없이는 불가능한 일이었는데, 그는 그걸 스스로 인정하지 않고 있었다. 오히려 남들 다 하는 건데 뭐가 잘한 거냐고 반문했다. 정말 모르겠다는 표정이었다. 왜 여태 자신이 해온 것들을 인정하지 않느냐고 물었더니, 겸연쩍은 듯 눈 맞춤을 피했고 침묵이 이어졌다.

ㅁ

몇 년 전 TED 강연에서, 펜실베이니아 대학교 심리학과의 안젤라 더크워스Angela Duckworth 교수는 그 특유의 청량한 목소리로 마치 랩을 하듯 리드미컬하게 성공을 위한 열쇠, 그릿Grit에 대해 강연했다. 그릿은 모래, 작은 돌, 연마제라는 뜻과 함께 투지나 기개라는 뜻도 있다. 'Grit the teeth'라고 하면 '이를 악물다'라는 뜻이라니, 아주 있는 힘껏 버틸 때 쓰는 말이겠다. 안젤라 더크워스는 성취를 위한 열정과 끈기를 아우르는 개념으로 그릿을 소개하며, 그릿이 성공과 성취에 있어서 지능이나 재능보다도 중요하다고 했다. 타고난 재능이나 지능이 아니라 끈기나 열정 같은 것이라면 이제부터라도 어떻게 해볼 수 있지 않겠나 하는 용기와 동기를 심어주는 덕이었을까, 그녀의 강연이나 책은 대중적으로 엄청난 인기를 얻었다.

그릿의 중요성을 설파하고 아이들에게 그릿을 길러주어야 한다는 메시지를 전하던 더크워스 연구팀은 최근 한 연구에서 학생의 성적을 예측하는 주요 변수로 그릿 외에 또 다른 요인을 연구했다. 그 요인은 '좌절 내성'이다. 더크워스 연구팀은 고등학생 391명에게 어떤 과제를 주고 수행에 실패하거나 잘하지 못할 때 느끼는 좌절감을 측정했다. 그리고 과제가 잘 풀리지 않아도 쉽사리 좌절하지 않는 성질을 좌절 내성이라고 불렀다. 연구에 참여한 고등학생들의 좌절 내성과 학교 성적과의 관계를 분석해보니 좌절 내성은 그들의 지능, 자기 통제력, 그릿 등과 별개로 학교 성적과 상당히 높은 연관성이 있었다. 연구팀은 이에 그치지 않고 학생들의 졸업 후 대학 생활까지 추적해, 좌절 내성이 높은 학생은 이후 대학 성적도 좋음을 확인했다. 즉 웬만하면 잘 좌절하지 않는 사람은 그 당시뿐 아니라 나중에도 원하는 성취를 얻을 가능성이 크다는 뜻이다.

우리는 일상적으로 좌절한다. 책을 읽다가 이해되지 않는 부분을 만나면 좌절감을 느끼고, 연인과 대화하다가 말다툼으로 번져 상대와 갈등이 생기면 좌절감을 느낀다. 다이어트 5일 차인데 야식을 참지 못했을 때 좌절하고, 이번에는 공부를 열심히 했는데 시험을 잘 못 봤을 때 좌절한다. 그런데 실패할 때마다 사사건건 좌절하는 건 사실 너무 힘든 일이니, 어떤 실패는 좌절하지 말고 그냥 좀 넘어가면 안 될까?

한 번 실패했다고 크게 실망하거나 좌절하지 않으려면 여태 내가 한 일들을 인정해야 한다. 자신이 이제까지 한 것들을 인정하지 않으면 그다음 걸음을 뗄 수가 없다. 자신을 인정하고, 내가 한 일을 인정하기. 그래야 지금 하는 게 잘 안되더라도, 힘들게 한 결과가 고작 이건가 싶어서 마음이 괴롭더라도, 여태 이만큼 해온 자신의 수고를 알아주고 토닥이며, 자신을 믿고 다시 '고!'할 수 있다.

ㅁ

많은 사람이 자신의 성취를 등한시하고 실수나 실패에만 집중하며 심지어 가중치를 붙여 부정적으로 평가한다. 놀라울 정도다. 내가 가고 싶은 곳은 저기 저 먼 곳이기에 고작 여기까지 왔다는 걸 인정받으면 오히려 부끄럽고 민망하다. 남들 다 하는 걸 칭찬받는 것 같은 때에는 심지어 나를 우습게 여기나 싶어서 은근히 무시당한 기분이 든다.

그러나 남들 다 하는 것이 아니다. 사람은 다 다르게 태어나 각자 다른 환경에서 자기만의 인생을 살고 역사를 만든다. 그렇다면 성취도 각자의 맥락에서 봐야 할 텐데, 자신의 성취를 인정할 때 매우 단순한 잣대를 가지고 남과 비교하는 것은 비합리적이다. 비교 평가를 하려면 제대로 해야 한다. 몸무게를 재면서 자를 갖다 대면 안 되겠고, 지난달부터 공부한 사람이 작년부터 공부한 사람과 성적을 단순히 비교해서도 안 되겠다. 나의 동기에서 비롯된 열정과 끈기로 내가 일군 것을 비로소 바로 보고, 그 수고와 결실을 인정해주기. 그래야 그다음이 있다.

안젤라 더크워스는 자신의 아버지가 늘 자신을 두고 천재는 아니라며 현실에 있기도 하고 없기도 한 천재들과 비교 평가했다고 한다. 아버지에게 인정받고 싶은 어린이였다면 번번이 그런 평가를 받는 것이 참 혹독했을 것이다. 그런데 그녀는 아버지의 천재 검증에 시달리며 자라서는, 엉뚱하게도(아니 어쩌면 당연하게도) 지능과 재능보다는 노력과 열정이 더 중요한 성공의 열쇠라는 것을 연구한 끝에 학계와 대중의 스포트라이트를 받았다. 더크워스를 성공 반열에 오르게 한 책《그릿》의 서두에는, 그가 병석에 있는 아버지께 며칠에 걸쳐 그 책을 모두 읽어드렸다는 내용이 소개되어 있다. 늘 바쁘게 성취를 위해 애쓰던 그가 언제나 자신을 비교 평가하던 아버지에게 자신의 책을 통째로 다 읽어드린 것은, 자신이 일군 성취를 스스로 인정하기 위한 일종의 세리머니 아니었을까.

한때 도라에몽과 플루트에 잠시 열정을 쏟았던 나의 내담자도 이제는 조금씩 자신만의 성취와 수고를 인정해 나가길 바란다. 그리하여 자신을 믿고 자기만의 목표를 정해 한 발짝씩 내딛다가 마주치는 낱낱의 실패 앞에서 좌절 내성을 발휘하길⋯. 그 길에 그만의 그릿이 함께 하길 진심으로 바란다.

포기하다

법륜스님의 '즉문즉설' 녹화 영상을 가끔 찾아본다. '즉문즉설'은 큰 강당에 사람들이 모여 앉아 어떤 이가 고민을 털어놓으면 법륜스님이 답을 하는 대화 형식의 대중 강연 행사다. 어느 날의 행사 중 한 남성이 일어나 사연을 얘기했다. 이혼했는데 전처에게 미련을 버리지 못하겠다는 내용이었다. 어떻게 하면 좋겠냐는 질문에 법륜스님이 이러저러한 상식 수준의 답을 했고, 그걸 들은 그 남성이 "제가 포기를 해야겠네요" 하고 말했다. 그리고 그때부터 재미있어졌다. 법륜스님이 이렇게 말했다.

"포기는 가진 사람이 하는 건데, 대체 뭘 포기한다는 거예요?"

권리가 없었는데 포기를 한다는 것이 애초에 맞지 않다는 것이었다. 청중은 와 웃고 질문한 남성은 머쓱해했다.

맞다. 포기抛棄란 던져 버린다는 뜻인데, 애당초 손에 들고 있던 것이어야 버릴 수도 있다. 내 것이어야 버릴 수 있고, 남의 것이라면 버릴지 말지 고민할 것도 없다. 그러나 그 남성의 포기한다는 말도 잘못된 표현은 아니다. 그가 포기한다는 것은 전처와의 관계를 포기한다는 것이 아니라 전처와의 관계를 회복하고 싶어 하는 마음이었을 테니까. 마음이야 당연히 이렇게 저렇게 먹을 수가 있는 것이고, 내 마음이야 당연히 내 것이니 마음을 먹었다가 버렸다가 하는 것도 내 마음이다.

법륜스님이라고 그 남성이 포기한다는 말을 무슨 뜻으로 한 건지 모르고 그랬을까. 법륜스님의 이런 말장난인 듯 말장난 아닌 말을 좋아한다. 재미날 뿐 아니라 어느 때는 통쾌하게 허를 찌른다. 부질없는 마음을 품은 채 미련을 떨지 말라는 뜻이겠지. 부질없는 마음, 그 마음조차도 네 것으로 여겨서는 안 된다는 일침이었을 것이다. 그것이 상대방을 어떻게 해보겠다는 일방적인 마음일 때는 더더욱 말이다.

ㅁ

마침 오랫동안 품어 온 꿈을 이제는 포기해야 하나 고민하면서 그 시기를 가늠하던 중이었다. 그 시점에 딱 '포기'에 대한 이야기를 만났으니, 우연을 가장한 필연이나 온갖 공교로운 것을 좋아하는 사람으로서 골똘히 생각에 잠길 수밖에 없었다. 누군가와의 관계에 대한 개인적인 욕심에서 비롯된 배려 없이 일방적인 마음은 포기해야 마땅하다. 관계란 혼자서 만드는 것이 아니라서 누군가와 좋은 관계를 맺고 지속하길 원한다면 그 원하는 마음조차 마음대로 가질 게 아니다.

그런데 그런 거 말고, '내가 이러한 꿈을 꿔도 될까 감히?' 이런 질문을 하게 될 때가 있다. 꿈은 클수록 좋다고들 하지만, 내 형편에 이런 마음을 가져도 될까, 주제넘은 꿈이 아닐까 하는 아픈 고민을 해야 할 때.

그러나 애써 호연지기를 불어넣고 계산기를 두드려가며 그 꿈을 품어 유지하고 그것을 향해 달려간다. 당장 생활비도 넉넉하지 않은 형편에 고시 공부를 하고, 기댈 데하나 없는 처지에 직장을 그만두고 다른 기술을 배우고, 매일 고된 일에 시달리고도 집에 와서 원고지에 글을 채워 나간다. 그렇게 어떤 꿈을 품고 애써 노력하고 있는데뜻대로 되질 않을 때 기어이 질문하게 되는 순간의 아픔을 안다. 이렇게나 뜻대로 되지 않는다면 뜻이 잘못된 것일까? 나는 왜 이걸 꿈꿀까? 잘못된 꿈일까?

한데 꿈이라는 것의 정말 아이러니한 점은 포기할 때비로소 깊이 생각하게 된다는 것이다. 그리고 어떤 꿈은 포기한 후에야 비로소 가까워진다. '내가 포기하는 것은 정확하게 무엇인가?'라는 질문의 답을 찾는 과정은 꿈을 향해 가는 여정의 일부이며, 그 답을 찾은 사람의 꿈은 다만 변주될 뿐 포기할 일이 없다.

ㅁ

얼마 전 동네에서 그림 그리는 모임에 발을 들여놓았다. 선생님과 격주로 만나 그림에 관해 얘기하고 그림 그리는 방법을 배우는 모임인데, 우리는 다음 만남까지 수첩에 하루 한 장 그림을 그리는 숙제를 해야 한다. 모임 첫날, 각자 자기소개를 하면서 그림을 왜 그리고자 하는지 말하고 듣던 중 한 분의 얘기가 마음에 꽂혔다. 고등학교 때 '화가'가 되려고 미대에 가고 싶었는데 부모님이 허락해주지 않았고 입시 학원에 다닐 수 없어서 미술을 전공을 할 수 없었던 그분은, 그림을 그리고 싶다는 생각이 들

때마다 '그때 미대에 갔으면 좋았을걸' 하며 아쉬워했다. 그렇게 한참을 살다가 어느 날 그림을 그냥 그리면 되지 않나 하는 생각이 떠올랐단다. 화가가 아니어서 그림을 못 그리던 그분은 요즘 정말 멋있는 그림을 매일 그리고 있다. 같은 도구로 어떻게 저런 시각 자극을 탄생시키나 싶어 감탄스럽다. 이런 그림을 매일 그리는 그가 화가이지 화가가 따로 있나 싶다.

　나로 말하자면 어린 시절부터 누가 꿈이 뭐냐고 물으면 딱히 근사한 답을 생각해내질 못했다. 뭐가 있는 줄 알아야 그중 뭐가 되고 싶다고 할 텐데, 다 알지도 못하면서 벌써 과학자나 선생님이 되고 싶다고 말하는 아이들이 희한할 뿐이었다. 뭐든 잘 알고 잘하는 사람이 되고 싶긴 했는데, 그 직업의 이름은 척척박사인가 뭔가 알 수가 없었다. 그러다 성인이 되면서 교수가 되어야겠다고 마음먹었고, 꽤 오래 노력을 했다. 돌이켜 생각해보면 학창 시절에 학교 공부보다는 학교 밖의 다른 잡다한 것에 더 흥미를 느끼는 축이었고 한 가지 주제를 열심히 탐색하는 편도 아니었는데, '나는 왜 교수를 꿈꿨을까? 교육과 연구를 직업으로 하고 싶은 게 맞나? 나는 결국 어떻게 살고 싶은 걸까?' 이런 생각을 포기의 시점에 하게 됐다.

그런데 그 생각은 애초에 별로 하고 싶지 않은 생각이었다. 꿈의 이유를 진지하게 생각하기보다는 그저 맹목적으로 쫓고 싶은, 굳이 깊이 들여다보고 싶지 않은 마음이 있었다.

스튜어디스 시험을 계속 보는 한 여성을 만난 적이 있다. 스튜어디스가 되고 싶은 그의 속마음에는 실은 여러 나라를 다니고 싶은 마음과 사회가 인정하는 아름다운 여성의 모습으로 살고 싶다는 소망이 있었다. 그 속마음의 한 겹 더 아래에는 그 이유와 관련된 또 다른 무언가가 있었겠지. 그리고 우리는 막연히 안다. 그 핵심을 발견하고 나면 이제 더는 굳이 스튜어디스 되기를 고집할 필요가 없어질 수도 있음을.

때로 우리가 애타게 붙잡고 있는 것은 무엇을 원하는 마음 그 자체이지, 그 '무엇'이 아니다. 그러니 두려운 것은 원하는 것을 얻지 못할까 봐서가 아니라 끝내 원하지 않게 될까 봐서는 아닐까. 원하는 마음이 모두 사라져 결국 얻게 되어도 만족스럽지도 좋지도 아무렇지도 않으면, 그럼 어떻게 하나… 그때는 무엇을 좇아야 하지? 그 질문에 직면하기가 너무나 어려워서 그냥 맹목적으로 지금 할 수 있는 노력을 한다. 들여다보지 않고 달린다.

"되고 나서 생각하면 안 될까요? 일단 좀 되고요. 그다음에 생각할래요."

그러니 포기는 할 수 없이 내던지는 것이 아니라 가장 신중하게 내리는 결정이어야 한다. 내가 가진 것 중 어떤 것을 골라내서 인제 그만 버릴지를 정하는 중요한 결정이어야 하고, 여태 품고 있던 꿈이라는 이름의 어떤 뜻을 깊이 들여다보기로 마음먹는 용감한 결정이어야 한다. 꿈을 목적어로 하는 문장을 '포기한다', 즉 내던져버리고 그만

둔다는 서술어로 마치는 사람의 마음은 아마도 무엇을 결정할 힘조차 남아있지 않은 고단할 상태일 것이다. 그렇게나 지쳐 있을 땐 '포기'라는 중요한 결정을 하지 않기로 한다.

욕심이 많다

욕심, 분수에 넘치게 무엇을 탐내거나 누리고자 하는 마음이다. 즉, 무엇을 바라는 마음이 제 주제를 넘는다는 뜻이다. 빵 한 개면 제 뱃구레가 딱 차는 아이가 빵 세 개를 쥐고 다 먹겠다고 하면 그게 욕심을 부리는 것이겠다. 게다가 그게 친구나 동생의 몫이라면 남의 것을 욕심낸다고 야단을 맞을 차례다. 지금 맡은 프로젝트도 마감 기한 내에 해낼지 아슬아슬한 마당에 옆자리 동료에게 주어진 기회까지 본인이 갖고 싶어서 기웃댄다면 그게 바로 욕심을 부리는 것이다. 책임지지 못할 일까지 도맡아 끌어안고 있다가 한 가지도 야무지게 마무리를 못하거나 오히려 주변에 폐를 끼치게 되면, 그 또한 욕심이기에 반드시 자신을 돌아봐야 한다.

그런데 늘 자신의 욕심의 크기를 가늠하고 주변 사람들과 견주어 반성하는 이는 대개 그저 열심히 사는 사람이다. 지금 하는 일의 기한을 맞추어 양질의 결과를 내기 위해 애쓰고, 잘할 수 있는 기회를 찾아서 적극적으로 혹은 소극적으로나마 팔을 뻗는 사람. 어떻게든 자신을 갈고닦아 타인과 생산적으로 소통하고 좋은 성취를 얻어서 자신이 속한 곳에서 인정받고자 애쓰는 사람. 정말 하고픈 일에 가까워지기 위해, 명확한 목표를 찾기 위해, 행복하게 살기 위해 안간힘을 쓰는 사람 말이다.

"제가 좀 욕심이 많은 것 같아요."

"제가 너무 욕심을 부리는 건 아닌지 모르겠어요."

"제가 일 욕심이 있어서요."

이렇게 자신의 욕심 많음을 걱정하고 반성하는 사람은

보통은 욕심이라고 부르기엔 너무 소소하고 당연한 것들에 품는 마음을 엄격히 검열한다.

그저 열심히 최선을 다해 사는 사람이 뭘 위해 노력하고 싶거나 뭔가 하고 싶을 때마다 자기가 욕심이 많다고 하면, 그게 왜 욕심이냐고 따져 묻고 싶어진다.

"그게 왜 욕심일까요? 욕심은 분수에 넘치게 탐내는 마음이에요. 지금 일 욕심이 있다고 하신 것은, 그 마음이 자신의 분수에 맞지 않기 때문인가요? 실은 감당하지도 못할 것을 넘보고 있다고 생각하고 계신 거예요? 그런데 여태 잘 감당해오셨죠. 그리고 앞으로도 그러실 것 같고요."

ㅁ

언제부터 나는 내가 탐내는 것을 분수에 맞지 않는다고 생각하게 되었을까? 왜 내가 하고 싶은 것과 갖고 싶은 것을 욕망하는 데에 다른 사람들의 질책 어린 시선을 저

어하며 묻기도 전에 욕심이라고 자백하는 것일까?

뭔가를 원할 때는 그게 없거나 부족한 거다. 배 속이 비어 있으면 음식을 탐할 것이고, 땀을 많이 흘려 몸에 수분이 부족하면 물을 탐할 것이다. 그런데 결핍은 맥락을 보지 못하게 한다. 그저 결핍 자체에만 집중하게 한다. 나의 결핍과 그것을 메꿔줄 가능성이 있는 일에만 집중하다 보니, 나에게 필요한 양과 내가 가진 자원, 과업의 크기를 짐작하여 견주고 판단하는 게 어렵다. 그저 나는 결핍되어 있고, 어떤 자원을 가졌는지는 모르겠고, 저것은 절실하게 필요하다. 그러니 깜냥도 모르고 달려드는 목마른 자신이 스스로 계면쩍고, 남들이 욕심 많다 할 것 같고, 자신의 존재가 송구하다.

결핍을 채우고자 하는 시도와 필요한 것을 갖고 싶어 하는 마음은 모두 정당하다. 다만 부족한 상태, 결핍의 상태가 맞는지, 그게 맞는다면 무엇으로 얼마나 채워야 할지를 살펴봐야 한다. 무턱대고 나의 욕망을 내 깜냥을 벗

어난 것, 분수에 넘치는 것으로 생각하기 전에 자꾸 살펴
보고 연습하다 보면, 곧 익히게 될 것이다. 카페인 함유량
은 같더라도 탕비실 인스턴트커피와 바리스타가 내려준
스페셜티 원두커피가 다른 것처럼, 여러 다른 선택지들의
가치를 살펴보고 골라 따져서 그중 가장 좋은 것으로 결
핍을 채우는 방법을.

2

관계의 말들

서럽다

서럽다는 말에는 원통하고 슬프다는 뜻이 있다. 그냥 슬
픈 것이 아니라 분하고 억울하고 슬프다는 것이니 서러움
이란 원망이 묻어나는, 아주 한기가 도는 슬픔이다. 살뜰
했던 사람을 잃은 이는 일상의 모든 순간이 상실을 확인
하는 서러운 순간이다. 늘 자신을 보살펴주고 서로 정을
나누던 애인, 배우자, 엄마와 이제는 함께 밥을 먹을 수
없고, 이야기를 할 수 없고, 살을 비벼 존재를 확인할 수
없으니 서럽다. 남들이 마땅히 누리는 것을 나만 갖지 못
할 때도 서럽다. 내 집 없이 남의 집을 전전할 때 서럽고,

돈이 없어 밥 한 끼 배불리 먹지 못할 때, 제대로 잠잘 시간도 없을 때, 남들 다 있는 다정한 가족이 나한테만 없는 것 같을 때도 서럽다.

그의 어린 시절은 매일 밤 부모님이 싸우던 소리, 다 저녁에도 늦도록 훈기가 돌지 않는 집의 서늘함, 얻어맞지 않기 위해 날을 세우고 있던 긴장감 같은 것들로 채워져 있었다. 그나마도 한집에 살던 부모님이 이혼한 후 그는 그저 스스로 자기 자신을 보살펴야 했고, 다행히 성인이 되어서는 건강하고 야무지게 남에게 빈틈을 보이지 않으며 독립적으로 생활하고 있었다.

그가 상담실을 찾아온 것은 애인과의 갈등 때문이었다. 모든 상담이 그렇듯이 그와의 상담에서도 초기의 목적이나 이유가 다른 문제들과 이어지거나 확장되었다. 그래서 이제는 일상의 여러 일들을 같이 얘기하고 다음 만남을 기다리는 관계가 되었을 때, 나는 그와 애인의 관계에서 무심하게 일어나는 심상치 않은 일들에 주목하기 시작했다.

그의 애인은 함께 식사하는 중에 자주 다른 사람과 카톡으로 대화를 하거나 야구를 봤고, 데이트할 때는 집으로 오라고 불러서 따로 온라인 게임을 했고, 만나는 시간과 장소를 정할 때 다음 날 일찍 출근해야 하는 그를 배려해주지 않았다. 그런데 그는 그것을 좀 짜증이 난다고만 표현할 뿐 별로 대수롭지 않게 여겼다.

그는 서럽다는 감정을 몰랐다. 서러워할 줄을 몰랐다. 그는 오래전부터 자신의 외로움과 고단함, 고통을 오롯이 자기의 것으로 받아들이고 있었고, 누구를 원망하는 마음을 가져본 적이 없었다.

너무나 외롭고 슬펐지만 원통해하지는 않는 그 순한 모습을 보고 있으면 참 가슴이 아팠다. 자신의 외로움, 슬픔이 자기 탓도 아닌데 분하거나 억울해보지도 못한 그를 보면 내가 억울했다. 그라고 잠시 잠깐의 따뜻함이나 안락함이 없었겠냐마는, 그 따뜻함과 안락함의 상실도 상실이 아니었다. 그것을 마땅히 자기가 누려야 하는 것으로 여기지 않았기 때문에 그저 자기 본연의 슬픔과 외로움으로 끌어안을 뿐이었다.

어떤 결핍을 마땅히 자신의 것으로 받아들이고 있는 것도 모자라 억울함마저 결여되어 있는 모습은 마치 체념과도 가까워, 상실의 서러움만큼이나 애처롭다. 체념은 '희망을 버리고 아주 단념하다'는 뜻이지만, 놀랍게도 '도리를 깨닫는 마음'이라는 뜻도 품고 있다. 그래서 체념이 흔히 '달관'이나 '초탈'과 같이 쓰이나 보다. 살피고 자세히 한다는 뜻의 '체諦'와 생각 '념念'이 만나 체념이 되었으니, 자세히 살펴 생각하면 결국 도리를 깨닫게 되어 세속의 욕심을 내려놓게 된다는 의미가 아닐까 짐작해본다. 그러나 서둘러 체념할 필요가 있을까?

ㅁ

그의 유일한 취미는 윈드서핑이었다. 직장에서 근무하

는 시간을 제외한 나머지 일상이 윈드서핑 스케줄에 맞춰 짜여 있다고 해도 과언이 아니었고, 심지어 사장님이 서핑 배울 때 많이 도와줘서 고마운 마음이 있다며 자주 가는 서핑장에서는 일을 돕기도 했다. 평소 조용조용하게 지내며 누구에게도 큰 애정을 기대하지 않고 그저 체념한 듯 쏘쿨한 그가 그토록 좋아하고 즐기는 것이 있으니, 그걸 놓칠 수 없었다.

— 보드 타는 게 그렇게 재미있고 좋아요?

— 네, 재미있어요.

— 어떻게 시작한 거예요?

— 친구가 해서 따라갔었어요. 남들 타는 거 보다가 한번 해보라기에 해봤는데, 너무 물을 먹는 거예요. 어렵더라고요. 타고, 타고 또 탔어요. 오기가 나서.

— 어우, 물 실컷 먹다가 오기가 났구나.

— 네, 그런데 재미있더라고요.

— 서핑하는 사람들은 보드 타는 기간에는 합숙 훈련하듯이 엄청 보드만 타고 또 타던데요. 베테랑 터줏대감들이 있고 신참들이 오면 배워서 타고, 뭐 그런 거예요?

— 네, 밤에는 다 모여서 불 피워놓고 고기도 구워 먹고….

— 아, 그거 참 재미있겠네요.

— 맞아요. 낮에는 각자 보드 타고 밤에 다 모여요. 불 피워놓고 앉아서 맥주 마시고 얘기도 하고.

아, 이거다. 이제 시작. 상담은 상담자와 내담자가 함께 어떤 순전한 마음을 따라가는 일종의 로드 무비와 같다. 흔히 로드 무비를 보면 그렇듯이, 내담자의 마음을 자꾸 따라가다 보면 종국에 만나게 되는 것은 우리의 기대와 비슷하기도 하지만 언제나 그 이상이다.

낮에 하나의 취미로 한 장소에 모인 사람들이 서로 구속도 참견도 없이, 각자 자기의 보드에 올라가 파도를 타다가 물도 먹고 마침 불어오는 바람과 타이밍이 맞으면 몸을 맡기고, 해 떨어질 무렵 삼삼오오 모여 불을 지펴 함께 밥을 먹고, 먹은 걸 대충 정리하고 나면 쉴 사람은 들어가고 아쉬운 사람은 계속 앉아 맥주 캔을 딴다. 그곳에 가면 언제나 바다와 모래사장이 있듯이 사람들이 있고, 익숙한 사람도 낯선 사람도 보드를 탄다는 이유로 스스럼없이 한자리에 앉아 두런두런 어울린다. 그게 그렇게 따뜻하고 좋았다고 말하다가, 자기한테는 그 사람들이 그냥 가족 같았다고 말하는 마음을 만났을 때 우리는 결국 같이 눈물을 흘렸다.

빼앗긴 서러움와 이른 체념을 견주는 것은 가당치도 않지만, 그가 아직 어린아이였을 때부터 서둘러 체념하느라 서러움조차 모르는 것이 내내 안타까웠다. 따뜻한 보살핌과 애정을 이미 겪어 아는 사람처럼 자기 몫의 결여를 억울해하고 아쉬워하길, 그래서 자기가 원하는 만큼의 온기를 마땅히 자기 몫으로 여겨 욕심내길, 자꾸 얻고자 보채고 찾아 누리고자 시도하길 바랐다. 서툰 시행과 그에 뒤따르는 당연한 착오를 거쳐 때로는 악착같이 요구하길, 마땅히 누려야 할 것들이 소원할 때 더러 토라지고 화내길. 그러면서 기꺼이 적극적으로 행복하길.

질문

'질문'이란 알고자 하는 바를 얻기 위해 묻는다는 뜻으로, '질質'이라는 글자에는 바탕과 본질이라는 뜻이 있다. 도끼 두 자루斤 아래 옛날에 화폐 대신 쓰인 조개貝가 놓여 있으니, 제대로 가치를 판단하여 값을 매기는 모양을 형상화한 것이다.

그렇다면 본연의 가치를 묻는 것이 질문일 텐데, 우리는 딱히 답을 듣고자 하지 않을 때도 질문을 한다. "숙제 왜 안 했어?"라는 질문은 숙제하지 않는 것을 질책하는 말이고, "뭐가 그렇게 힘들어?"라는 질문은 그 정도로 힘들어하지 말라는 강요이며, "너무한 거 아냐?" 하는 질문은 배려 없는 지나침을 원망하거나 비난하는 말이다.

'정말 궁금한 게 있을 때만 질문하기 운동'이나 '말할 기회를 얻고자 짐짓 다른 사람 얘기가 궁금한 척 질문하지 않기 운동'이 있다면 어떨까. 그런 운동에 참여한다면 하고픈 말을 그냥 평서문으로 바꾸는 동안 그만 마음이 바뀌어서 결국 질문하지 않게 될 수도 있겠다. 하려던 질문이 평서문으로 바뀌어 기술되는 순간 많은 문장이 발화할 필요성을 잃을 테니까.

그러나 그게 아니라 정말 상대방의 이야기를 듣고 싶은 오롯한 궁금함에서 비롯된 질문이라면, 질문의 앞뒤를 다듬고 정확한 단어를 고르고 답을 청하는 예를 갖추어 상대의 마음을 움직여야 할 것이다.

사람들은 안다. 나를 향한 질문이 그저 개인적 호기심이나 흥미 유발을 위한 땔감을 구하기 위한 것인지, 나의 본질을 알아봐주려는 마음에서 비롯된 것인지를. 나를 봐

주고 더 잘 이해하기 위해 올바른 질문을 건네는 사람은 얼마나 귀하고 소중한가.

ㅁ

그가 상담실을 찾은 이유는 아이 교육과 관련된 고민 때문이었다. 그런데 막상 상담을 진행해보니 부부 관계에 큰 어려움이 있음을 알게 되었다. 그는 결혼하자마자 아이를 낳아 키우며 남편과 내내 주말부부로 지내고 있었는데, 남편에게 느껴온 실망과 서운함이 너무 오래되어서 좌절감과 외로움으로 커져 버린 상태였다. 상담이 회차를 더해갈수록 부부가 서로를 애틋하게 여긴다는 것을 확인할 수 있었지만, 상대를 향한 애정과 신뢰, 배려의 마음을 글쎄 상담자인 나만 알겠다는 게 문제였다.

가부장제 가족의 전형적인 장녀로 자란 그는 워낙에 누구에게 속상한 마음을 터놓거나 원하는 것을 먼저 요구해본 적이 없었고, 정서적인 교류가 별로 없는 가족 내에서 장남으로 자란 남편은 성실하지만 다소 무심하고 속을 잘 내보이지 않았다. 그러니 이 부부는 오랜 시간 동안 서로의 마음을 잘 모르는 채로 지냈고, 무엇보다도 도대체 대화다운 대화가 없었다.

명절 연휴가 지나고 만난 어느 날의 상담 시간이었다. 자연스레 원가족 얘기를 하게 되었는데, 아버지를 자식에게 늘 관심이 많고 따뜻한 분으로 표현하는 게 아닌가. 그간 파악하기로 그의 아버지는 가부장적인 면이 있고 자식에게 호되게 무섭기도 한 분이었는데 말이다. 그러고 보니 그는 그동안에도 아버지 얘기가 나오면 한결같이 웃음 띤 얼굴을 하고 있었던 것이 생각났다. 이번엔 어떨 때, 왜 그렇게 느끼는지를 좀 물어봤다. 그가 빙그레 웃으며 하는 대답은 이랬다.

"아버지는 늘 질문을 해줘요."

가족이 모이면 둘러앉아 밥 먹으며 대화를 나누는데 주

로 아버지가 이런저런 질문을 해주신다고 했다. 전에 했던 얘기를 기억하고 있다가 '그때 그 상사는 요즘 너한테 어떻게 하냐, 힘들게 안 하냐'라던가 '요즘은 어떻게 지내냐, 저번 그 바빴던 일은 잘 마무리되었냐' 하는 질문을 해주셨는데, 그에겐 아버지의 그런 질문이 그 자체로 지극한 관심의 표현이었고, 비로소 내 얘기를 할 수 있게 깔아주는 멍석이었다. 자신의 감정을 먼저 얘기하거나 원하는 것을 적극적으로 주장해본 적이 별로 없는데, 배우자도 도대체 물어봐주지 않는 걸 아버지는 늘 물어봐주었고, 그러면 그때야 비로소 자기 얘기를 할 수 있었다. 그게 참 좋고 따뜻했나 보다. 사랑받는 기분이었나 보다.

ㅁ

서로를 진심으로 아끼고 있음은 확실하나 절대로 질문을 주고받지는 않는 이 부부에게 숙제를 내줬다. 상대방을 인터뷰해오라는 숙제였다. 당연히 숙제가 차일피일 미뤄지던 어느 날, 이번엔 아예 종이와 펜을 꺼내 들고 남편에게 묻고 싶은 질문을 다섯 가지만 말해보라 했다. 그가 쑥스럽고 난처해하는 가운데 더듬더듬 생각해낸 질문들은, 주말에 뭐 먹고 싶은지, 여름휴가엔 어딜 가고 싶은지, 나를 신뢰하는지 같은 것들이었고, 나는 그것들을 또박또박 받아 적어서 봉투에 넣어주었다. 이 정도면 진짜 할 만큼은 한 것이라서 답을 받아오기를 기다려보는 수밖에 없었다. 그리고 다다음 번 상담 시간에 확인할 수 있었던, 멋쩍다 못해 실없는 질문들에 대한 남편의 대답은 예상했던 대로 길고도 깊었다. 모든 질문의 답을 관통하고 있는 메시지는 사랑하고 믿고 있으며 언제나 고맙다는 것이었고.

상담자로서 내가 생각하는 상담은 '깊은 대화'와 다름없다. 적절히 질문하고 잘 알아들어 점점 더 본질에 가까워지는 대화. 본질을 묻고자 하는 질문은 서툴러도 한마디 낭비가 없으며, 본질을 전하고 싶은 사람은 어떤 질문도 허투루 듣지 않는다. 본질을 궁금해하기, 그래서 상대의 마음을 살펴보고 알아봐주기, 그리고 질문의 이유나 목적을 되물을 때 거리낌 없이 말할 수 있는 질문을 하기. 세상 모든 사람이 이런 질문이 오가는 대화를 할 수 있다면 심리 상담은 굳이 필요하지 않을 것이다. 그렇다면 나는 기쁜 마음으로 상담자의 역할을 영영 포기하고 다른 기술을 연마하여 인생 이모작을 준비하겠다.

예쁘다

어릴 때부터 워낙 예쁜 아이는 아니었다. 얼굴이 딱히 예쁘장하지도 않았고 입이 짧아 늘 볼품없이 마른 모습이었는데, 이차성징이 나타나면서부터는 어딘지 모르게 균형이 맞지 않아 어정쩡해지기까지 했다. 그러다 보니 사람 많은 곳에선 왠지 주눅이 들었고, 그래도 자존심은 있어서 당시 사진들을 보면 대부분 시선이 삐딱하게 다른 데를 향하고 있다. 사람들에게 호감을 사려면 어떻게 말하고 행동해야 하는지, 내 모습을 도대체 어떻게 꾸며야 하는지, 나의 내적 자아를 겉모습에 어떻게 녹여내면 되는지를 통 알지 못해서 사람들 앞에서 그저 서툴기만 했던 아이. 그런 나도 이제 나이 들어 적당하게 꾸밀 줄도 알고, 남들에게 잘 보이는 방법이나 내 본연의 모습으로 사람들과 어울리는 방식도 좀 터득하게 되었으니, 참 다행이다.

남들 눈에 비친 자신의 모습을 이렇게 저렇게 꾸미고 언행에 신경을 쓰는 것은, 정도의 차이가 있을 뿐 사람들이 다 하는 일이다. 내 모습이 예쁘면 좋겠고, 남들에게 보기 좋길 바라고, 그래서 인기도 좀 있으면 좋겠고, 무엇보다 사랑받고 싶다. 사람들과 더불어 살아가며 그 속에서 어울리고 인정받아 소속감을 느끼고자 하는 것은, 일상 중 우리의 행동을 결정하는 가장 큰 이유이자 동기다.

처음 상담실 문을 열고 들어오던 날, 그는 한눈에도 참 예뻤다. 센스 있는 옷차림에 말간 피부, 생글거리는 미소까지 어느 한 부분도 구김이 없어 보였다. 그런 그가 자리에 앉자마자 머뭇머뭇 얘기를 시작하는가 싶더니, 큰 눈에 눈물이 맺히다 뚝뚝 떨어졌다. 자기를 너무나 예뻐해 주는 따뜻한 사람을 연인으로 만나다 헤어졌다고 했고, 헤어진 이유는 나 자신으로 살고 싶기 때문이었다고 했으며, 고민이 깊었지만 막상 이별하니 후련하다고 했다. 그러나 역시 마음이 헛헛하고 우울하고 어떻게 해야 할지 모르겠다는 말도 덧붙였다. 그 우울하고 막막한 심정에 어떻게 다가가 비로소 그 마음과 만날 수 있을까 생각하면서, 그에게 집중했다.

ㅁ

상담이 진행되어 잘 알게 될수록, 그는 외모뿐 아니라 언행이 모두 예쁜 사람이었다. 상대가 어떻게 해야 자신을 좋아하는지 잘 알고 있는 영리함, 그 영리함에서 나오는 매너, 가끔 튀어나오는 어리광이나 그러고도 이내 상대방의 상태를 살피는 눈치가 모두 과하지 않았다. 패션에 관심이 많았고, 운동과 피부 관리에 소홀하지 않기 위해 애를 썼고, 독서나 음악 감상처럼 내면을 가꾸는 취미를 지속했다. 그러면서 허튼 일엔 고개도 돌리지 않았고, 늘 자신을 가꾸려 노력하면서도 과한 지출은 없었다. 그저 야무지게 직장에 다니며 삶을 내실 있게 꾸려갔다.

아니나 다를까, 그에게 예쁜 것은 너무나 중요했다. 우리는 모두 다른 사람들에게 관심과 사랑을 받고 싶어서 외모를 가꾸고 말을 골라 하고 행동을 조심한다. 그가 예쁘기 위해 늘 애써온 것도 같은 의미였을까? 어느 날 예쁜 것이 왜 그렇게 중요한지 물었을 때, 그는 "예쁨받고 싶어서"라고 대답했다. 그는 예쁘기 위해 늘 노력하는 사람이고, 그 노력이 대체로 성공적이었고, 그래서 그 예쁨의 주체로서 그저 그걸 누리면 될 일이었다. 그런데 그에겐 예쁘기 때문에 인정받고 기회를 얻고 여러 사람의 사랑을 받고 선택되는 것보다, 말 그대로 '예쁨받는 것' 자체가 중요했다. 정말 그랬다.

그는 어린 시절에 그를 지극히 사랑하고 예뻐하던 부모님을 차례로 잃은 후 친척 집에 맡겨졌다. 그리고 성인이 될 때까지 친척 어른의 손에 자란 후 독립했는데, 그런 그에게 가족의 존재는 그야말로 참 특별했다. 그는 언제나 가족이 있는 사람, 돌봐줄 사람이 있는 사람, 중요한 일을 의논하고 참견하는 사람들이 있는 존재이길 원했다. 특정 목적이나 이유가 없이도 가족이라는 이름으로 당연하게 이루어지는 것들을 갈구했다. 설명이 필요 없는 당연한 소속감, 안정감, 구속, 귀찮음 같은 것들… 독립해서 지내는 중에도 '우리 집'이라 부르며 무람없이 들어가 저녁 식탁에 앉을 수 있는 곳을 원했다.

그래서 일상의 모든 순간이 그에게는 증명의 순간이었다. 그는 자신이 무조건 받아들여지거나 당연히 보살핌 받을 수 있는 존재라는 가설을 세워, 증명하는 시간을 살았다. 그를 키워준 분들은 성실하고 책임감 있었지만, 정서적으로 섬세하거나 예민하지는 않았다. 사는 게 바쁘고 힘들다 보니 아이의 낱낱의 마음에 집중해주진 않았고, 적당히 넘어가는 것들이 많았다. 친척 어른이 하는 말들, 사촌들이 나를 대하는 태도, 저녁 식탁에서의 훈육, 진로를 위한 주변의 조언들이 어느 하나 그냥 지나쳐지지 않고 '가족임'이나 '가족 아님'의 증거가 되었다.

성숙한 한 사람으로서 사랑을 주고받는 것보다 아직 예쁜 아이로 돌봄을 받고 싶은 그 마음을 차근차근 따라가 보니, 그에게 예쁨이란 역시 생긴 모양이 보기 좋고 사랑스러운 것 이상의 의미였다. 한 가정에 기특하고 흐뭇한 대상으로 소속되어 마땅한 보살핌을 받는 것. 사랑받고 돌봄받아 마땅한 존재로 지내는 것. 그럼으로써 홀로 외롭지 않은 것.

돌봄에서 벗어나 자주적인 인간으로 독립하는 과정에서 양육자에게 사춘기의 반항도 하고, 알아서 하게 관심 끄라고 어깃장도 놓고, 큰소리도 치면서, 예쁨받는 걸 지겨워하고 기특해하는 시선에서 벗어나려고 버둥거리는 기회를 얻지 못했던 탓일 거다. 돌봄받을 자격을 증명하고 확인하느라 전전긍긍하며 지낸 시간들이 이미 어엿하게 성장한 그를 꽉 붙잡고 있었다.

잠이 오지 않는 밤, 어두운 주방에서 전기밥솥을 열어 따뜻한 맨밥을 자꾸만 입에 넣으며 물리적인 온기와 포만감으로 달래야 했던 외로움, 보자는 사람이 많아서 매일같이 저녁 약속이 있다며 즐거운 비명을 지르던 표정에서 잠깐 스치던 쓸쓸함. 그런 것들 앞에서 내가 앞서 가슴 아파하지 않기 위해 마음을 다잡았던 기억이 있다.

ㅁ

우리는 가족이 있으나 가족이 없고, 친구가 있지만 친구가 없는, 각자의 오롯한 외로움을 갖고 산다. 혼자인 것을 확인하게 될까 두려워 그냥 외면해버리고 싶은 각자의 절박한 심정이 있다. 때로는 나의 예쁨을 몰라보는 사람

앞에 있기도 하고, 나 자신이 스스로 예쁘지 않기도 하다. 그래서 어느 때는 다른 사람의 손에 몸과 마음을 의탁하기도 하고, 또 어느 때는 홀로서기를 하며, 살아간다. 나에게 없으면 안 되는 존재를 허락해 그것에 기대지 않도록, 열심히 독립하고 다리 힘을 키운다.

그러는 중에 지금 마음을 나눌 수 있는 사람과 만나고, 지금 할 수 있는 소통을 위해 노력하고, 그렇게 가까이 있는 사람들과 어울리는 기회를 누리는 것, 그것이 실은 가족이 있는 사람이나 없는 사람이나, 우리 모두에게 주어진 공평한 몫인지도 모르겠다. 알고 보면 누구에게도 당연한 관계란 없으니 나의 예쁨을 알아보는 사람들을 가까이하고 서로 영향을 주고받으며 살아가는 것 말이다.

상담을 마무리하는 시점에 그는 연애를 시작했는데, 그 새로운 관계에서도 예뻐보이기 위한 노력을 그만두지 않았지만 예쁨받기'만'을 위해 자신의 모든 것을 맞추는 시도는 내려놓았음을 확인할 수 있었다. 그는 앞으로도 돌봄받기 위해 자아를 깎고 맞추어 아이의 역할을 자처하는 연애는 하지 않을 거다.

그를 가끔 떠올린다. 잘 지내는지 걱정이 되어서는 아니다. 다만 누군가에게 깊이 이해받을 수 있었다는 것, 그 누군가가 자신을 떠올리고 안부를 궁금해한다는 것이 그에게 어떤 희망이나 마음의 의지가 될 수도 있지 않을까 생각한다. 그래서 마치 그런 생각에 마법 같은 힘이라도 있는 듯, 가끔 부러 생각한다. 그리고 그가 바쁘게 지내다가 문득 헛헛해지는 어느 저녁이면, 우리가 함께 알고 있는 중요한 사실을 상기시키길 바란다. 오랫동안 아이의 마음으로 허덕이며 지내느라 어느새 다리가 길어진 줄도 몰랐지만, 그 다리를 힘주어 쭉 펴보면 목까지 찰랑거리던 물은 고작 종아리까지 밖에 오지 않는다는 것을. 그리고 이제 찬찬히 돌아보면, 당신의 손을 잡아주려고 기다리는 사람들을 보게 될 수 있음을.

치사하다

배우자에게 무언가를 부탁하지 못하는 이유를 물었을 때, 그는 치사해서 그러기 싫다고 했다. 아플 때 데리러 와달라거나 죽을 사다 달라는 것 같은 꼭 필요한 부탁을 할 때조차 그랬다. 남한테 뭘 부탁하는 게 언제나 쉬운 일은 아니지만, 가장 가까운 사람에게조차 정말 필요한 것을 요청할 수 없게 만드는 것이라면 그 치사함은 정말 끔찍한 것임이 분명하다.

치사하다는 말은 행동이나 말이 쩨쩨하고 옹졸하고 남부끄럽다는 뜻이다. 도움이 필요한 사람을 돕지 않거나 도와달라는 요구를 굳이 들어주지 않는다면 치사한 게 맞다. 정말 치사하다. 그런데 아직 부탁하지도 않고서 미리 치사하다고 말하는 그의 얼굴에는 상대방의 치사함을 비난하는 것이라기엔 좀 애매한 표정이 있다. 시선을 아래로 하고 다른 데를 보면서 작은 목소리로 말하며 살짝 인상을 쓰고 있는 표정. 그리고 언뜻 비치는 쓸쓸함… 그는 오히려 자기 자신을 치사하게 느끼는 것 같았다.

그렇다. 말하지 않아도 알아서 주는 보살핌을 받지 못할 때, 나를 살펴봐달라고 일부러 부탁해야 할 때, 그럴 때면 나 자신이 참 초라하다. 살가운 관심이나 보살핌을 저절로 받지 못하고 엎드려 절받듯 구해야 하는 초라함 따위는 남에게 보이기 부끄럽다. 들키고 싶지 않다. 상대방이 알아서 주지 않는 것은 바라지 않으면 좋겠고, 절로 주어지지 않는 살가운 보살핌 같은 건 굳이 필요해하지 않았으면 좋겠는데, 그렇지가 않다. 그러니 결국 치사한 것은 나 자신이다.

게다가 그 남부끄러움에는 원망하는 마음도 담겨 있다. 나 자신을 원망하고 상대방을 원망하는 마음. 이런 대접이나 보살핌도 받지 못하는 초라한 자신이 원망스럽고, 나를 살펴봐주지 않아 기어이 부끄럽게 만드는 네가 원망스럽다. 그러니 바라는 마음을 그만 접어버린다. 돌봄과 관심을 원하는 마음이 간절할수록.

ㅁ

상담실에서 만난, 가까운 사람에게조차 치사해서 뭘 부탁하지 못하는 그들에겐 공통점이 있었다. 혼자 여러 사람의 역할을 하면서 많은 것을 책임지고 참 열심히 산다는 것, 힘들거나 속상할 때도 잘 표현하지 않는다는 것. 어릴 때부터 그들은 혼자 감당해야 하는 일이 많았다. 너무 바쁘거나 너무 힘들거나 너무 무심했던 양육자는 아이를 살펴봐주지 않았거나 못했고, 혼자 잘해내는 그 마음을 알아주지 않았다. 사는 게 바빠서 그랬고, 힘들어서 그랬고, 아이의 마음을 어떻게 대해야 하는 줄 몰라서 그랬다.

어렵게 생계를 책임지는 아빠가 말썽부리는 동생 뒤치다꺼리에 힘겨워하며 돌아누워 한숨 쉬는 소리, 홀로 된 엄마가 고군분투하며 건강을 돌보지도 못하고 생계를 꾸려나가는 모습에서 비치는 통증의 흔적, 아무리 노력해도 야단만 치고 내 편을 들어주지 않는 이모나 고모나 할머니의 얼굴에서 스치는 삶의 고단함과 우울감, 이혼 후 각자의 삶도 버거워보이는 부모.

엄마가 우는 밤이면 모든 별이 떨어진다.

드라마 〈보건교사 안은영〉 속 배경음악 중 한 노래의 가사 구절이다. 참으로 천재적인 가사다. '엄마'와 '울다'와 '밤'이 합쳐져 '엄마가 우는 밤'으로 만나니, 세상에서 가장 슬픈 여섯 글자가 되었다. 아이들의 세상에서는 엄마가 숨죽여 우는 소리를 듣는 밤에 그만 하늘의 모든 별이 다 떨어진다. 그러면 그 슬픈 비밀을 가슴에 묻은 아이는 이제 다만 자기가 할 수 있는 모든 것을 찾아서 해내기 시작한다. 자신의 마음 따위는 어느새 하나도 중요하지 않고 늘 서둘러 덮여 가려진다. 그렇게 가려질 뿐 없어지지 않고 쌓여가는 것들을 누구도 일부러 들여다보거나 알아봐주지 않는다.

그렇게 자라 이제는 자신을 치사하게 여기게 된 어른이 상담자와 할 일은, 그동안 아무도 알아봐주지 않았던, 그저 덮어두고 가려두었던 그 아이의 속마음을 살펴보는 것이다. 그리고 함께 다독인다. 아이가 그때 얼마나 외로웠을까, 얼마나 속이 상했을까, 얼마나 무서웠을까, 얼마나 서러웠을까. 그리고 돌아와 어른이 된 자신을 다시 만난다. 알아주는 이 없는 억울함, 서러움, 좌절감에서 아이의 마음을 가려내고 나면, 무엇이 남나 살펴본다. 미리 서둘러 치사해하는 마음에 머물러 있어 본다. 그러면 이제 보이기 시작한다. 말하지 않아도 알아서 해주길 바랐던 조건 없이 사랑받고 싶은 마음, 그러나 말하지 않으면 모르는 애인이나 배우자, 늘 애먼 눈치를 보고 있다가 억울해지는 상대방의 마음 같은 것들.

ㅁ

어느 날부터 작정하고 그에게 구체적으로 요구하는 연습을 시켰다.

"내가 도와달라고 하면 일단 하던 걸 멈추고 얘기를 들어주길 바라."

"내가 아플 때는 무조건 죽을 사다 주면 좋겠어."

"재활용 쓰레기 좀 버려줄래?"

"나 대신 아이 하원 좀 시켜줘."

"거실 정리 좀 해주라."

꼭 엎드려 절 받는 것 같지만 절은 때로는 먼저 엎드려서 받기도 하는 거지, 꼭 앉아서만 받을 필요는 없는 것 같다. 어느 땐 알아서 절하는 걸 앉아서 받을 수 있지만 어느 땐 먼저 고개 숙여 눈치를 주기도 하는 거다. 아무튼 다 괜찮다. 절 받는 사람도 절하는 사람도 서로에게 맞춰 준 탓에 종국엔 기분이 좋아질 게 분명하니까.

그의 배우자는 다행히도 부탁을 잘 들어주었다. 재활용 쓰레기를 잘 정리해서 버렸고, 필요할 때 아이 하원을 도왔고, 가끔씩 먹을 것을 챙겨 주었고, 설거지도 곧잘 했다. 그런데 그는 그때마다 고맙다는 표현을 하기는커녕 부탁을 들어준 행동 중 일부 잘못한 부분을 찾아서 지적하거나 우스갯소리로 넘겼다. 그 마음을 가만히 살펴보니, 영 쑥스러운 것이었다. 받아보지 못한 것을 받으면 내 것이 아닌 것 같아서 잘 받지도 못할뿐더러 고마운 마음을 표현하지 않는 법이다. 차라리 치사한 게 더 익숙하니까 그렇다.

치사하다고 외우듯 다짐해온 긴 시간을 건너왔으니, 이

제는 이렇게 말하는 연습을 할 차례다.

"진심으로 고마워. 큰 도움이 되었어. 네 덕분에 많이
좋아졌어. 네가 그렇게 해줘서 정말 좋아."

앞서 나가는 치사한 마음의 뒷덜미를 잡아 주저앉히고
꼬박꼬박 성실하게 연습해서, 저절로 누리게 되는 것들을
점점 늘려가기. 어린 왕자가 여우를 길들였듯이, 서로를
기꺼이 길들이기. 좀 서툴고 모양 빠져도 우리는 결국 그
렇게 살아갈 거다.

잘 맞는 사람

데이팅 앱 개발을 준비하는 스타트업의 요청으로 자문 회의에 몇 차례 간 적이 있다. 사업안을 마련하면서 매칭 서비스의 방향을 정하는 회의였다. 데이트를 주제로 얘기를 나누는 일은 그 자체로 매우 재미있어서, 참석한 사람들이 모두 다소 신나고 들뜬 분위기였다. 사람들의 관심은 단연 '서비스 이용자들을 어떻게 연결해줄 것인가' 하는 데 집중됐다. 말 그대로, 첫 만남에 서로 호감을 느낄 만한 상대를 매칭해주기 위해서는 어떻게 해야 할까, 조금 더 욕심을 부려서 '천생연분'을 연결해줄 수 있다면 너무 좋겠다는 등의 얘기를 나누었다. 서로 만나 첫눈에 맘에 들고 호감을 느껴서 연애 감정이 생기도록 하는 매칭기술을 만들려면, 인공지능 테크놀로지와 빅데이터를 반드시 이용해야 할 것 같다는 얘기도 오갔다.

□

그런데 정교한 매칭 서비스 덕에, 서로 첫눈에 반해 성공적인 만남이 성사된 다음에는 관계를 어떻게 발전시키고 지속해나가야 하나? 관계에서 첫눈에 반하는 것보다 더 중요한 것은 그 다음 전개가 아닌가? 천생연분인지 아닌지는 오랜 세월 살아본 후에나 알 수 있을 테고, 설레는 가운데 유사성을 기반으로 편안함을 느끼고 서로 티키타카 대화도 재미있는 그런 사람을 드디어 만났다면, 이제부터 중요한 것은 그 만남을 잘 발전시켜서 쉽사리 끝내지 않고 잘 이어 나갈 방법을 찾는 것이다. 그러나 중매쟁이나 데이팅 앱은 이 문제에 답을 주지도 AS를 해주지도 않는다. 그러니 사업성을 고려하지는 못하는 심리학자로서 더 관심이 가는 것은, 기가 막힌 매칭 이후의 AS 프로그램 개발이었다.

설레는 상대를 만나기란 행운에 가까운 일이지만, 그 상대와 관계를 만들어가고 그 관계를 안정적으로 지속하는 것 또한 결코 쉬운 일이 아니다. 좋아서 만났지만 만나다가 싫어지기도 하고, 처음엔 그저 그랬지만 계속 만나보니 좋아지기도 하는 게 사람 관계 아닌가. 관계의 허니문이 끝나고, 서로의 보이지 않던 면을 보게 되었을 때. 각자의 역사를 거쳐 성인이 된 모르는 사람들이 만나 서로를 알아가다가 상대방의 취약한 부분을 만나게 되거나 자신의 취약한 부분을 드러내게 될 때. 상대방에게서 그간 몰랐던 역사의 조각들을 만나게 될 때. 그때 관계의 국면은 그다음 단계로 접어든다. 갈등과 위기 없이 사랑과 우정을 지속하는 것이 가능할까.

관계가 지속되어 안정될수록 초기에 서로에게 최대치로 발휘하던 집중력과 이해력은 옅어지고 각자 자신의 삶에 다시 집중하기 마련이다. 늘 허니문처럼 살 수는 없으니 이제 다시 '따로 또 같이' 살아가기 위해 자기 자신에게 성실함과 동시에 상대방을 배려하는, 관계의 밸런스를 맞춰야 할 차례다. 그런데 인생은 원래 고통의 바다, 고해苦海라고 했다. 각자의 지지부진하고 아주 피곤하게만 흘러가는 일상, 설거지를 못 해서 물 마실 컵도 없는 너저분한 집안, 퇴근해도 머릿속을 떠나지 않는 직장 업무, 오늘도 뭘 맡겨 놓은 듯 요구적인 태도로 걸려오는 부모님의 전화, 해도 되지 않는 일들 속에서 허우적대는 일상…. 모든 관계에서 갈등과 위기는 늘 이렇게 각자 형편이 어려울 때 찾아온다. 그러니 서로 생활이 다르면 다른 대로 같으면 같은 대로 각자 어려움이 쌓여, 상대방의 속상한 일에 맘 걸리는 것 없이 위로해주기 힘들고, 성취나 여흥을 함께 즐기고 기뻐하기도 어렵다.

게다가 생계를 위한 노동이나 가사 노동 등 일상의 부담을 공유하는 관계라면, 그가 하지 않으면 내가 해야 하는 일들로 일상이 채워지고 서로의 괴로움을 적당히 모르는 척하게 된다. 어느 때는 그가 힘들어야 내가 좀 살 만하고, 그가 즐거우면 내가 못 견디게 고단하다. 너만 좀 참으면 되니까 그 속내에 무심해지고, 나만 가만히 있으면 되는 것 같아서 무던히 견디기만 하다가 속에 상처가 나서 결국 곪는 관계가 되기도 한다.

　지지부진하고 지리멸렬한 일상에 서로 힘이 되어 줄 수 있을 거라고, 나와 함께 생을 견디어 줄 사람이라고 생각했는데 실은 나와는 잘 맞지 않는 사람이었나 하는 깨달음은 지독하게 고통스럽다. 그런데 불법적이거나 비윤리적인 사건과 관련된 심각한 경우가 아니라면, 그런 사람인 줄 몰랐다는 말을 듣고 억울하지 않을 사람은 별로 없을 것이다. 속인 사람은 없는데 속은 사람만 있는 게임 같은 건가. 나는 그냥 나인데, 나도 처음 해보는 건데, 그럴 만해서 그랬던 건데, 그럴 수밖에 없었는데, 그것 밖에 다른 방법은 모르겠는데, 내가 변했다거나 속였다고 한다. 나를 향해 버럭버럭 화를 내거나 큰 소리로 운다. 사람은 고정불변의 존재가 아니어서 상황에 따라 다른 행동을 할 수 있다. 낯선 상황에서 어떤 행동을 하게 될지 예측할 수 없는 경우도 많고 그게 당연하다.

ㅁ

끝내 포기하지 않고 지속하는 끈기인 '그릿'은, 실은 관계에서도 필요하다. 서로의 행동 뒤에 자리하고 있는 긴 역사와 맥락을 알아내 이해하고 이해시키고 맞춰가는 과정은 정말 엄청난 용기와 끈기 없이는 불가능하다. 계속 관계를 이어가겠다는 마음, 상대방의 처지에서 그 형편을 공감해보고자 하는 의지, 그 모든 노력을 지속하기 위한 끈기 같은 것들이 없다면, 관계는 몇 차례의 갈등을 겪다가 서로 지친 어느 날, 사람을 잘못 봤다거나 그런 사람인 줄 몰랐다는 자책, 속았다거나 그 사람이 변했다는 원망 같은 것들로 질척이다가 그만 종지부를 찍게 될 것이다.

직업적 성공을 위해서는 그렇게나 동기 부여를 위해 고민하고 끈기를 내려는 사람들이 왜 관계는 낭만적인 마음만으로 유지된다고 생각하는지 알 수 없다. 왜 관계에 있어서는 앞서 고민하거나 능동적으로 대처하거나 좀 더 버티지 않고, 존재 자체로 나에게 저절로 맞는 상대를 꿈꾸게 될까. 나를 수시로 괴롭히는 사람, 그 언행의 의도를 내내 오래 생각해보게 하는 사람, 눈에 띄거나 띄지 않는 폭력적인 언행으로 나를 깎아내리는 사람, 나만 일방적으로 노력하게 하는 사람과의 관계에 보람도 없이 시달릴 필요는 없다. 그러나 허니문이 끝나 관계의 세세한 부분들이 하나씩 삐걱거리게 될 무렵 그의 보기 싫은 면면을 만나게 되었을 때, 네가 그런 사람인 줄 몰랐다고 탄식하며 바로 관계를 끊어 버리는 것은 좀 아깝다. 갈등은 많은 경우에 더 깊은 관계로 발전하기 위한 필수 절차고, 그냥 참아야 할 일이 아니라 서로를 더 이해하기 위한 적극적인 기회로 삼을 일이기 때문이다. 우리는 모두 각자가 그런 사람이면서 저런 면이 있고 이런 모습이기 때문이다.

카페에 앉아 노트북에 고개를 처박고 있는데 건너편에서 웅얼웅얼하는 소리가 들려 주변을 살펴봤다. 머리가 희끗희끗한 남녀가 테이블을 사이에 두고 마주 앉아 있는데 어쩐지 좀 분위기가 이상하다. 여자 분이 조용히 울고 있고, 남자 분이 테이블 위로 손을 뻗어 울고 있는 여자 분의 손을 잡은 채로 나직하게 노래를 부르는 중이다. 어떤 사연이 있을까. 어쩐지 감동적이라 자꾸 쳐다보고 싶었지만, 슬쩍슬쩍 가끔 훔쳐보다 보니 어느새 두 분 다 일어나 자리를 정리하고 있다. 단정한 노인 두 분의 뒷모습을 눈으로 배웅하며 생각했다. 살다 보면 늙도록 슬픈 일도 위로할 일도 많겠지. 그러니 내내 끈기 있게 위로하고, 끝내 버텨 위로를 받고 싶다는 생각.

인연

좋아하는 친구들과 멀어진 적이 있다. 없는 형편에 아이를 낳아 키우며 박사 학위 연구를 하는데 배우자와도 사이가 좋을 리 없어서 늘 고단하고 마음이 사납던 시절이었다. 제각각 다른 곳에서 다른 일을 하는 그 친구들과는 한자리에 모이기도 쉽지 않았는데, 어찌어찌 어렵게 만나면 그때마다 생각 없는 말과 행동으로 친구들 마음에 상처를 주고 있었던 것을 나중에야 알게 되었다. 사는 게 나만 힘든 게 아닌데 내 어려움에서 헤어나지 못하는 자기중심성의 위험을 조심했더라면, 친구들에게 더 깊은 관심을 가졌더라면, 그도 저도 안 될 정도로 마음의 여유가 없을 땐 차라리 아무도 만나지 않았더라면 좋았겠지만, 다 지나고서야 드는 생각이었다. 그저 큰 어려움 없던 지난날에나 어울릴 수 있었던 한 시절의 인연이었나.

시절인연時節因緣이라는 말이 있다. 중국 승려 운서주굉雲棲株宏이 편찬한《선관책진禪關策進》중 "시절인연이 도래하면 자연히 부딪혀 깨쳐서 소리가 나듯 척척 들어맞으며 곧장 깨어나 나가게 된다"라는 구절에 나오는 말로, 인연은 때가 맞아야 이루어진다는 뜻이다. 불교에서는 인과응보를 따르는 업보의 종류를 시기에 따라 세 가지로 나누는데, 현생에 과업을 지어서 그 대가를 같은 생에 받는 순현업順現業, 전생에 지은 과업으로 인해 금생이나 현생에 대가를 받는 순생업順生業, 선업이나 죄업의 대가를 여러 생에 걸쳐 받는 순후업順後業을 통칭하여 삼시업三時業이라고 한다. 인연이 시절을 만나려면 이와 같은 과거와 현재의 업과 보의 때가 모두 맞아야 하므로, 그리하여 이제야 만나게 된 인연은 우연이 아니고 그야말로 때를 만나 도래한 필연인 것이다.

이처럼 시절인연이라는 말의 본래 뜻은 사람 사이 관계는 때를 만나 이루어지니, 만날 사람은 만나게 되어 있으며 모든 인연을 소중하게 여기고 기꺼이 받아들여야 한다는 뜻이겠다. 그런데 시절인연이라는 말이 좀 다르게 다가올 때가 있다. 그 시절의 인연. 즉, 그 시절이었으니 가능했던 인연이라는 뜻으로 말이다. 물 흐르듯이 살다 보면 한때 지극한 마음으로 맺었던 인연도 자연히 멀어질 수 있는 것이 아닐까, 한 시절이 끝나면 당시에 맺은 인연이 끝나는 것도 자연스럽게 받아들여야 하지 않을까 하는 생각이 드는 까닭이다.

ㅁ

초등학교에 다닐 때(사실은 국민학교였다) 외동딸인 친구가 있었다. 그 아이의 집은 큰 아파트 단지 내에 따로 조성된 타운하우스였고, 그 집 이층에 친구 방이 있었다. 친구의 엄마는 딸을 쫓아다니며 입에 먹을 것을 넣어주는 분이었고, 그 집엔 매일 친구만의 우유와 요구르트가 배달되었다. 네 남매 중 둘째 딸로 자라며 이층집은커녕 내 방도 없는 처지였던 나는, 어린 나이에 미처 부러운 마음을 인식하지도 못하는 채로 그 친구네 집에 밥 먹듯이 놀러 갔다.

어느 날의 등굣길. 맥락도 기억나지 않는 얘기 중에 그 친구는 내게 너는 말라서 좋겠다고 했고, 나는 그 대답으로 너는 통통하니까 얼마나 좋으냐고 했던 것 같다. 실제로 그 친구는 곱슬머리에 피부가 하얗고 통통해서 정말 귀여웠다. 그러나 어렴풋이 기억난다. 친구가 빼빼 마른 나를 부럽다고 할 때 떠올린, 매일 아침 배달되는 그 아이만의 요구르트와 그걸 먹이려고 쫓아다니는 그 애 엄마, 그리고 막연한 부러움과 질투의 감정 같은 것들…. 친구는 울어버렸다.

우리는 모른다. 내가 저이에게 상처 주고 있음을 모르고, 저이가 나에게 상처를 주는지도 잘 모르고, 내가 받은 게 상처인지도 헷갈린다. 서로 처한 상황이 다르고 당시의 마음 형편이 제각각이었을 뿐인데, 의도치 않은 말이 가시가 되고 때로는 칼날이 된다. 그러는 사이에 서로 따져 묻기 어렵고 확인하기 어려운 생각과 마음이 쌓여서 관계가 멀어진다. 둘도 없던 학창 시절의 친구와 진로가 갈리면서 공연히 멀어지는 것처럼, 한 시절의 인연이 끝나거나 멀어질 때는 사실은 말로 설명하기 어렵지만 당연한 이유가 있다.

그렇지만 '관계를 지속'하는 것에는 여러 가지 형태가 있다.[3] 첫 번째는 관계를 말 그대로 그저 끝내지 않고 유지하는 것이다. 두 번째는 관계를 특정 상태로 유지하는 것으로, 예를 들면 내가 우리 동네 빵집 사장님과 빵을 살 때만 웃으며 인사하는 관계를 그 이상 발전시키지도 않거

니와 인사조차 안 하는 관계로 바꾸지도 않는 것과 같다. 세 번째는 관계를 가장 만족스러운 상태로 유지하는 것으로, 자타공인 절친과 계속 절친으로 지내는 것을 뜻한다. 마지막으로 네 번째는 관계를 개선하거나 복구하는 것으로, 크게 싸운 후 절교 했던 친구에게 화해를 시도하는 것이 이에 해당한다.

관계를 지속한다는 것에 이처럼 다양한 형태가 있으니, 그렇다면 사람들 사이에서 관계를 맺고 발전시키고 유지하고 그러다 소원해지고 하는 일에 좀 덜 심각해도 되지 않을까. 적어도 관계를 포기하거나 끝내는 결정을 하기 위한 심각한 고민은 덜 해도 되지 않을까. 어떤 관계를 어떤 상태로 유지할지 좀 더 유연하게 정할 수 있겠고, 마음의 여유가 있거나 체력이 허락하는 한 내가 원하는 식으로 관리하며 지속할 수도 있겠다. 그냥 그 관계를 처분하지 않고 갖고 있기. 그러다가 새로운 시절에 다시 만나 관계를 복구하고 인연을 지속하는 기회를 얻을 수도 있고,

그게 아니면 뭐 그것도 할 수 없는 일이다.

다만 그 시절을 지나 물어볼 기회, 설명할 기회가 있다면 얼마나 좋을까. 우리는 대개의 멀어진 관계에서 그런 기회를 얻지 못한다. 많은 시간을 지내며 살아가던 어느 지점에 어렴풋이 이해하게 될 뿐이다. 그때 내가 그래서 그랬구나, 그 친구는 그래서 그랬나 보다, 그래 서로 형편이 달랐구나.

'인연'은 사람들 사이에 맺어지는 관계이니까 '인'이 사람을 뜻할 것 같지만 뜻밖에 '말미암다', '원인이나 계기로 되다'라는 뜻이다. 즉, 인연因緣이란 어떤 이유로 말미암은 사람들 사이의 관계이며, 사람과 사람의 관계는 이유가 있어서 이루어진다는 뜻을 내포한다. 우연히 절로 그래진 건 줄 알고 있었지만 실은 어떤 이유로 인해 말미암은 것일 수도 있는 관계들을 생각해보시니 미음이 사무진지해진다. 애써 '관계의 지속'의 형태를 한 가지로 한정시키지 않는다면, 혹여 한 시절 엇갈리더라도 그 시절의 인연이 다른 시절에 만나 다른 모양새를 할 수도 있는 것 아니겠나. 그리고 '친구親舊'란 본래 '오래된 친한 사람'이라는 뜻이므로, 관계를 끝내겠다는 어려운 결정을 하지만 않는다면 하루하루 더, 오늘이 어제보다 더, 친구에 가까워지기 마련이다.

믿는다

언젠가 나의 내담자가 상담실에서 눈물이 그렁그렁한 채로 낮게 읊조렸다.

"그 사람을 정말 믿었거든요. 그래서 너무 큰 상처를 받았어요."

깊은 슬픔이 역력했다. 그가 믿은 것은 과연 무엇이었을까? 그 사람이 어떻게 하기를 기대했을까? 그 기대는 어떤 마음에서 비롯되었을까? 언제부터 그런 마음이 새겼을까? 이런 질문을 품고 그저 믿고 싶었던 절실한 마음에 가까이 가야 하는 순간이다.

믿는다는 말에는 '어떤 것을 그러리라 생각한다'는 뜻이 있어서, 의심의 여지없이 전개될 당연한 일들을 우리는 부담 없이 '믿는다'고 말한다. 여름이 지나 가을이 오면 나무마다 단풍이 들 것을 믿고, 서늘한 가을비가 내리고 나면 그만 추워질 것을 믿는다. 그리고 겨울이 아무리 매섭게 추워도 곧 봄이 되어 꽃이 필 것을 믿는다.

그런데 사람을 향한 믿음은 단지 예상이나 생각에 그치지 않고 반드시 기대를 함께 품는다. 애인이 나를 두고 '바람을 피우지 않을 것'을 믿는다거나, 아픈 동생이 '곧 회복할 거라고' 믿는다거나, 이번 연말에는 팀장님이 '업무 평가 점수를 잘 줄 것을' 믿는다고 말하는 마음에는, 믿음의 대상이 내 기대를 저버리지 않길 바라는 간절함이 담겨 있다. 이 간절함을 포함하는 것이 '믿다'라는 말의 두 번째 뜻이다. 여기서 한발 더 나아가면 '믿다'는 절대자를 향한 세 번째 뜻으로, 신이나 종교적 이념 앞에서 삶의 자세를 결정하는 말이 된다.

친구, 자녀, 애인, 선생님을 믿거나 '믿는다'고 발음하는 이의 마음을 생각해본다. 친구나 자녀나 애인이나 선생님이 어떻게 하거나 하지 않을 거라고 예상하는 것에 그치지 않고, 그렇게 하기를 혹은 하지 않기를 바라는 마음 중 어떤 마음은 맹목적이고 어떤 마음은 합당한가. 혹여 그 언행이나 모습의 구체적인 기대조차 없이 그의 존재 자체를 믿었다면, 그 맹목적 믿음은 어디서 비롯되었고 언제부터 시작되었나. 믿는다는 말은 이렇게나 어려워서 조심스럽게 다루어야 할 말이며, 상담에서는 내담자의 마음을 살펴보는 데에 좋은 도구가 된다.

¤

아이를 키우며 '믿는다'는 말을 하지 않고자 신경을 썼다. 찾아보면 그때그때 대체할 만한 적절한 다른 동사는 얼마든지 있었다.

"엄마는 네가 친구들하고 사이좋게 지내길 바라/밥을 잘 먹을 거라고 생각해/이를 잘 닦았으면 좋겠어."

나 스스로 '믿는다'는 말에 갇혀 근거 없이 바라거나 맹목적으로 강요하지 않기 위해서, 그리고 아이가 혹시라도 은근한 부담에 눌리지 않게 하기 위해서였다. 그러나 자식은 언제나 부모의 허를 찌르는 존재다.

딸이 초등학교 입학을 앞둔 어느 주말이었다. 오랜만에 아이는 할아버지와 백화점 나들이를 했다. 아버지는 손녀에게 가방도 선물하고 맛있는 것도 사주시고는 헤어지면서 "할아버지는 우리 윤아 믿는다. 우리 윤아가 학교 가서 잘할 거라고 믿어"라고 하셨다. 언짢아졌다. 왜 아이한테 저렇게 부담을 주시지? 집에 돌아와 이런저런 정리를 하고 나서 잠자리에 들려던 무렵, 딸이 느닷없이 할아버지가 보고 싶다며 울먹거렸다.

"할아버지 보고 싶어. 할아버지는 나를 믿는다고 하셨어. 내가 잘할 거라고 하셨어. 나는 할아버지 좋아."

아, 정말 당황스러웠다. 뭐지, 이 상황은? 딸은 입학을 앞두고 막연한 불안감을 느끼고 있었던 것 같다. 하기는 워낙 새로운 것, 낯선 것에 쉽게 다가가지 않는 아이였다. 젖먹이 때 낮잠을 쉽게 재워볼 요량으로 요람을 사와서 눕혔더니 긴장한 표정이 역력했던 아이, 아장아장 걷기 시작할 때 바닷가에 놀러 가 모래사장에 내려놓으면 그 자리에 그대로 앉아서 한참을 주변만 관찰하던 아이였으니, 생전 처음 겪을 학교생활이 상상도 안 되어 겁이 났을 것이다. 그런데 엄마는 아이에게 심리적 부담을 주지 않겠다며 우리 딸 믿는다고 등 한번 토닥여주지 않았던 거다.

고등학교 3학년, 대입을 앞둔 어느 날 아버지와 나눈 대화가 떠올랐다. 둘째 딸 대학 가는 것에 하도 관심이 없어 보이길래 "아빠는 내가 어느 대학 가면 좋겠어?" 하고 물었더니, 다른 지역 대학만 아니면 된다는 답이 돌아왔다. 여학생이라 타지로 가서 집 떨어져 지내면 위험하니 그것만 피하라는 말이었다. 아버지는 늘 자식들에게 순리

대로 살라고 하며 앞서 무엇을 계획하여 제시하거나 기대하는 법이 없었다. 지나고 보니 아버지는 안정적인 것을 추구하는 성격으로, 변화를 꺼렸고 뭔가를 적극적으로 시도하기보다는 눈앞에 닥치는 것을 성실히 받아들이며 당신의 인생을 꾸려온 분이었다. 이젠 나도 그 시절의 아버지만큼 나이 들어 아버지와 당시의 상황을 이해하지만, 중요한 결정이나 고민 앞에서 어떤 기대나 바람도 얻을 수 없는 것은 외롭고 두려웠다. 그래서 어린 시절엔 이유를 알 수 없는 외로움과 불안, 서러움이 뒤엉켜 겉으로만 센 척을 하느라 냉소하기를 익혔던 것 같다.

우리는 때때로 누군가의 맹목적인 믿음, 희망이 되고 싶다. 불안 앞에서 사랑하는 사람들의 기대를 받으며 힘을 얻는다. 우리 엄마가, 애인이, 언니가, 선생님이, 나를 뭘 믿는다는 건지 모르겠지만 그저 믿는다고 했던 걸 떠올리며, 그 기대하고 믿는 마음을 저버리지 않기 위해 힘을 낸다. 나도 믿을 수 없는 나 자신을 믿어주는 그 마음에 기대어 불안한 마음을 달랜다. 때로는 특별한 기대로 부담을 주지 않겠다는 쿨시크함보다 "나는 너를 믿어"라는 맹목적인 말을 듣고 싶다.

오늘도 나에게 믿는다는 말은 너무나 어려운 말이다. 그리고 그 말에 담긴 마음을 이해하기란 좀처럼 쉽지 않은 숙제 같다. 관계에서 서로 믿고 싶은 마음과 믿어지고 싶은 마음이 만난다면 얼마나 큰 행운일까. 그 행운을 누리려면 서로를 잘 살펴서 믿고 싶은 것, 믿음을 주고 싶은 마음을 알아차려야겠다고 생각해본다. 그리하여 내가 너에게 어떤 모습을 기대하는지, 내게 어떻게 해주기를 기대하는지, 그래서 나에게 어떤 사람이기를 기대하는지, 그리고 나는 너의 어떤 기대를 받고 싶은지, 그 마음을 구체적으로 서술하는 연습을 놓지 않기로 한다.

3

살아가는 말들

좋아하는 것

중학교 입학 첫날이었다. 이제 막 부임한 듯 젊은 여자 선생님이 교실에 들어오셔서 본인을 담임 선생님이라고 소개한 뒤, 이런저런 얘기 끝에 반 아이들에게 한 명씩 일어나 자기소개를 하도록 했다. 아이들은 앉은 순서에 따라 일어나 자기 이름이 뭔지, 어느 초등학교를 졸업했는지 등을 이야기했고, 내 차례가 되었다. 조금 긴장되는 심정으로 일어나 내 이름을 말한 후 좋아하는 것들을 줄줄이 읊었다. 나는 떡볶이를 좋아하고, 청바지를 좋아하고 뭐 그런 식이었는데, 반 아이들이 크게 웃기 시작했다. 내가 어떤 사람인지 직접 말하기보다는 에둘러 표현하여 친구들에게 다가가고 싶었다가 오히려 웃음거리가 되었던 나는, 특이한 자기소개를 하는 바람에 친구들의 관심을 받게 되었고 이후 그럭저럭 재미나게 학교생활을 할 수 있었다. 그러나 친구들에게 이해받지 못해 좀 외로운 마음이 남아 있었는데, 국어책에 실린 글 한 편이 그 마음을 달래주었다.

나는 비 오는 날 저녁때 뒷골목 선술집에서 풍기는 불고기 냄새를 좋아한다. 새로운 양서洋書 냄새, 털옷 냄새를 좋아한다. 커피 끓이는 냄새, 라일락 짙은 냄시, 국화, 수선화, 소나무의 향기를 좋아한다. 봄 흙냄새를 좋아한다.

나는 사과를 좋아하고 호두와 잣과 꿀을 좋아하고, 친구와 향기로운 차를 마시기를 좋아한다. 군밤을 외투 주머니에다 넣고 길을 걸으면서 먹기를 좋아하고, 찰스 강변을 걸으면서 핥던 콘 아이스크림을 좋아한다.

피천득의 수필, 〈나의 사랑하는 생활〉 중 일부다. 좋아하는 것들, 사랑하는 것들을 나열한 짧은 수필은 이렇게 끝이 난다.

나의 생활을 구성하는 모든 작고 아름다운 것들을 사랑한다. 고운 얼굴을 욕망 없이 바라다보며, 남의 공적을 부러움 없이 찬양하는 것을 좋아한다. 여러 사람을 좋아하며 아무도 미워하지 아니하며, 몇몇 사람을 끔찍이 사랑하며 살고 싶다. 그리고 나는 점잖게 늙어 가고 싶다. 내가 늙고 서영이가 크면 눈 내리는 서울 거리를 같이 걷고 싶다.

삶의 구석구석에서 만나는 작은 것들을 놓치지 않고 느끼며 좋아한다고 썼을 뿐인데, 참 아름답다. 나는 이런 사람인데 같이 차 한잔하겠냐고 청하는 것 같기도 하다. 영문학자였던 피천득을 많은 사람이 수필가로 기억하는 이유는 그가 이처럼 소박하면서도 아름다운 글을 썼기 때문일 것이다.

ㅁ

어떤 사람이 좋아하는 것들은 곧 그 사람의 정체성을 말해준다. 요즘 방탄소년단을 좋아하는 청소년은 새로 만난 친구에게 자신을 소개할 때 "나는 아미(방탄소년단의 팬클럽)야"라고 한다는 것처럼, 어떤 아이돌 그룹을 좋아하는지, 그중 특히 어떤 멤버를 좋아하는지도 역시 정체성을 구성하는 중요한 요소다. 사계절 중 어느 계절을 가장 좋아하는지, 쉬는 날엔 뭘 하는 걸 좋아하는지, 손톱을 어느 정도로 짧게 자르는 걸 좋아하는지 같은 것들로 나의 성격이나 살아온 역사, 경험이 드러난다. 인스턴트커피만 마셔본 사람은 자신이 어느 산지의 원두커피를 좋아하는지 알 수가 없고, 설거지를 해본 적이 없는 사람은 시판 주방 세제 중 어떤 것이 제일 마음에 드는지 답할 수가 없다.

그런데 우리는 평소에 바쁘고 피곤해서 혹은 경제적으로 여유가 없어서, 내가 뭘 좋아하는지를 생각하기는커녕 여러 선택지를 놓고 더 기분 좋은 것을 선택하는 것이 언감생심 사치스러울 때가 많다. 좋아하는 것에 집중하는 삶은 필요한 것에 집중하는 삶과 확실히 다른 차원의 삶이다. 상담자로서 사람들을 만나다 보면, 내 앞에 앉아 있는 사람이 여태 자신이 좋아하는 것에 무심하게 지내다가 인제 와서 자기가 뭘 좋아하는지 모르겠다며 당황하거나 눈가가 촉촉해지는 장면을 종종 목격한다. 때로는 부모님의 선택에 순종하느라, 때로는 형제자매에게 양보하느라, 때로는 필요한 것을 확보하는 데에 급급해 좋아하는 것까지는 생각할 겨를이 없어서 자신이 어떤 색의 옷을 좋아하는지, 중국집에서 파는 음식 중 자장면 말고 다른 어떤 음식을 좋아하는지, 신발은 어떤 브랜드를 선호하는지, 머리 모양은 어떻게 하는 것이 기분이 좋은지에 크게 관심을 두지 않고 산다.

동료들과 점심 메뉴를 정할 때나 뭘 좋아하냐는 질문을 받을 때마다 '다 괜찮다. 특별히 호불호 없다'라는 답으로 일관하던 사람이 '내가 좋아하는 것이 무엇인지가 내가 어떤 사람인지를 말해주는 것이구나. 나는 여태 좋아하는 것을 생각할 겨를이 없이 살았구나' 하고 깨달을 때 그 통찰은 참 아프다. 통찰의 아픔을 견디고 드디어 새로운 데이트를 시작하듯 자기 자신을 조심스럽게 살펴보기로 한 사람이 이젠 뭘 좋아하는지 질문을 받으면 전과 달리 비로소 생각해보게 된다.

'내가 뭘 좋아하지?'

그러나 내가 어떤 신발을 좋아하는지, 무슨 색을 좋아하는지 어느 하나 대답하기가 쉽지 않다. 내가 좋아하는 것이 무엇인지 작정하고 생각해보려니 더욱 어려워지는 이유는 뭘까. 아마도 그 한 번의 좋아한다는 표현과 선택이 곧 나를 결정하는 것같이 느껴져서 너무나 무겁기 때문일 것이다. 이제야 비로소 내 기호의 소중함을 느끼고 인정해보려 하니 그게 갓 태어난 아기를 다루듯이 조심스러워서, 한 번의 말이나 행동조차 쉽지 않은 건 어쩌면 당연하다.

ㅁ

아무런 부담 없이 좋아하는 것을 마음껏 드러내기, 좋아하는 것을 구별하여 선택한 뒤에 그것을 즐기거나 감당하기, 이런 것은 사실 반복적인 시도와 시행착오가 필요하다. 좋아하는 것을 선택했지만 막상 별로 좋지 않을 수도 있고, 좋아하는 것을 주장함으로써 주변 사람들과 좀 불편해질 수도 있다. 문제는 그다음이다. 좋아하는 것을 선택한 후에 그 결과를 책임지는 것도 스스로 기꺼이 감당해봐야 그다음이 있다. 이번엔 이게 좋지만, 다음엔 저게 좋을 수도 있고, 그래도 된다. 나를 알아가는 과정이고 너무 무거울 필요는 없다.

어떤 이의 인생에 있어 아프지만 빛나는 통찰의 순간을 함께 맞이한 후, 그에게 필요한 것 말고 좋은 것, 해야 하는 것 말고 좋아하는 것, 차악 말고 최선을 물어보는 순간을 좋아한다. 길을 지나다가 쇼윈도에서 보이는 분홍색 카디건이 예쁘면 우리는 그 가게에 들어가 본다. 그런데 그 분홍색 카디건을 만져보고 입어본 다음에 물어본다. "다른 색은 없나요?" 그러고는 사지 않고 그냥 나오거나 검은색 카디건을 사서 나온다. 옷장에 걸린 여러 톤의 비슷한 색 옷들을 떠올리면서. 늘 이렇게 살아왔다면, 이제 필요한 것 말고 좋은 것, 그것은 무엇인가.

느닷없이 분홍색 카디건을 사갔다가 가족에게 핀잔을 들을 수도 있고, 같이 맞춰 입을 옷이 마땅치 않아서 활용을 못 할 수도 있고, 안 입어보던 색이라 어색해서 옷장 안에만 모셔둘 수도 있다. 이달 생활비 예산 범위를 넘겨 한동안 곤란할 수도 있고, 막상 입어보니 그 색깔은 별로 나에게 안 어울릴 수도 있다. 그런데 그러면 뭐 어떤가. 내가 좋은 것을 스스로 선택해서 결정해봤고 그 선택의 결과를 경험해봤으니, 다음엔 다른 좋은 걸 찾을 수 있을 거다. 원래 취향이라는 것은 효율성이나 생산성과는 좀 거리가 먼 것 아닌가? 효율적인 나, 생산적인 나, 별 취향 없이 둥글둥글 잘 지내는 나로만 살다가 봄 벚꽃보다 벚나무 단풍잎이 더 좋은 나, 황금 잉어빵 말고 붕어빵을 좋아하는 나를 발견하는 것은 또 얼마나 좋은지. 삶의 사소한 것들을 좋아하는 사람, 사랑하는 것이 있는 삶은 참 아름답다. 피천득의 수필처럼.

괜찮다

"괜찮아요"라는 말을 굳이 하는 사람 앞에선 그 얼굴을 물끄러미 보게 된다. 묻기도 전에 서둘러 괜찮다고 말하는 얼굴, 괜찮냐 묻는 질문에 일부러 웃기까지 하며 괜찮다고 말하는 얼굴. "괜찮냐"는 실은 네 또는 아니오로 답할 수 있는 종류의 질문이 아니다. 괜찮은지를 빨리 확인하고 넘어가고 싶은 사람에게서 나온 것이 아니라면, 그 질문은 '너의 마음이 궁금해', '네가 걱정돼', '지금 어떤지 말해줄 수 있니?', '미안해'와 같은 의미를 담고 있기 때문이다.

괜찮다는 말은 '괜하지 아니하다'의 줄임말이다. '괜하다'는 아무 까닭이나 실속이 없다는 뜻이다. 그렇다면 괜찮다는 것은 실속이 없지 않고 보통 이상으로 좋다는 뜻이겠다. 아주 좋은 것까지는 아니어도 별로 나쁘지 않고 탈이나 이상이 없다, 문제 될 것이 없다는 의미다. 사실 우리는 아주 좋아도 그럭저럭 괜찮다고 말하며 좋은 마음의 표현을 아끼고, 나쁘거나 힘들어도 굳이 들키거나 드러내지 않고자 괜찮다고 말한다.

어느 마음이 좋지 않았던 날, '나는 이제 괜찮지 않을 이유가 없고 괜찮다'는 생각을 일부러 하다가 알게 되었다. 괜찮음을 애써 상기시킬 필요도 없어야 비로소 괜찮은 것이라는 것을. 그리고 그 생각은, 시간이 흘러 괜찮지 않았던 마음까지 모두 잊어버려 아무 상관도 없어지기를 바라는 마음으로 이어졌다.

심리 상담은 보통 괜찮지 않아서 하는데, 상담자 앞에서조차 괜찮다고 말하는 이들이 있다. 그도 그런 내담자였다. 상담은 세션당 한 시간이 주어지는데, 그는 제 시간에 와서는 잡다한 근황 얘기를 하며 많은 시간을 흘려보내곤 했다. 그리고 자신의 괜찮음을 설명하고 입증했다.

"나쁠 건 없어요. 모두 너는 무슨 걱정이 있냐고 해요. 제가 고민을 얘기하면 다들 그건 고민도 아니라고 하죠. 나쁘진 않아요. 괜찮아요. 이만하면 큰 문제가 있는 것도 아니고…."

그러나 그는 오래전 어느 날 사랑하는 사람을 갑자기 잃고, 주어진 삶을 견디며 모든 것을 잘 건사해온 사람이었다.

¤

그날은 한 해의 마지막 날이었다. 역시 다소 장황한 근황과 본인의 안녕한 일상 이야기가 이어졌다.

"잘 알겠어요. 그런데 전 사실 그런 괜찮은 일상이 궁금하지는 않아요. 제가 정말 알고 싶은 건 그 일상을 보내는 당신의 마음이에요. 마음은 어떠세요? 괜찮으신가요?"

마음이라는 것의 실체가 있다면 아마도 보통 그쯤에 있을 거라고 생각하는 대로 가슴 한가운데를 손으로 쓸며 여기가 어떤지 묻는 순간, 놀랍게도 그의 얼굴이 일그러졌다.

"아니요. 사실 괜찮지가 않아요. 너무 외롭고, 정말 지독하게 외로워요. 끔찍한 외로움이에요."

그걸 말하는 얼굴에서 곧 눈물이 흘렀다.

라포 형성도 채 안 된 상담 초기였고, 심리적 어려움을 드러내는 일에 내내 방어적이던 내담자가 갑작스럽게 터트리는 감정을 대한 상담자가 할 수 있는 일은 많지 않았다. 게다가 상담은 이미 종료 시간을 지난 뒤였다. 나는 쓰고 있던 마스크를 벗었다. 그저 민낯을 보여주는 것 말고는 달리 할 수 있는 게 없어서, 같이 눈물 흘리며 말하느라 일그러지는 얼굴을 보여주기 위해서. 아주 조금이라도 나의 공감과 이해의 의지가 테이블 너머 그에게 가닿기를 바라며.

　괜찮다는 말은 쉽게 할 수 있지만, 괜찮지 않다는 말은 그렇지 않다. 괜찮지 않음을 얘기한다고 해서 곧 괜찮아지지는 않겠지만 그런 얘기를 나누는 동안 서로의 스치는, 잠깐이나마 겹치는 마음을 느끼는 것… 살아가는 중 우리의 괜찮음은 어쩌면 그게 전부일지도 모른다. 내가 괜찮지 않을 때 누군가와 잠시라도 깊은 마음을 나누고 공명하는 것. 그 잠깐의 시간이 실은 괜찮음의 가장 중요한 부분일지도 모른다.

소확행

그는 가진 것 없이 고향 집을 떠나서 어떻게든 혼자 힘으로 지내고 있는, 성실하고 의지 강한 직장인이었다. 돈 모아 도시 근교에 전세방을 얻은 지 얼마 되지 않았다기에 얼마나 고생했을까 참 대단하다 싶었는데, 들어보니 직장과도 꽤 먼 지역이어서 일상적인 고단함이 짐작되었다. 최근에는 대학원 공부까지 마쳤다는데, 하도 열심히만 살다가 왠지 허탈해져서 상담실을 찾아왔다고 했다. 입이 딱 벌어지게 성실하고 열심히 사는 그에게 그래서 삶의 목표가 무엇인지 물었다. 대답을 못 한다. 이번엔 꿈이 뭐냐고 물었다. 역시 답을 못 한다. 그에게 삶의 목표나 꿈, 희망 같은 것은 참으로 무겁고 어려워서 차마 구체적으로 생각할 엄두조차 내지 못했던 것일까? 다시 물었다.

"그러면, 50대엔 어떤 모습을 하고 계실 것 같아요? 그 때쯤엔 어떤 집에서 어떤 사람과 살고 있을 것 같나요? 차는 어떤 차를 타고 다닐까요? 어떤 옷을 입고 어떤 모습을 하고 있을 것 같아요? 하루를 어떻게 보내고 있을까요?"

좀 수줍은 듯 애매한 미소를 띠며 듣던 그가 천천히 대답을 시작했다. 버는 돈이랑 일상이 뻔하니 미래의 모습을 구체적으로 그려보기가 어렵다는 말이, 아껴 지내느라 점심도 늘 김밥 같은 것을 가격 상한선 정해놓고 먹는다는 이야기로 이어졌다. 주변 또래 동료들은 한 끼에 만 이천 원, 만 오천 원까지 쓰고 하는 걸 보면 신기하다고, 그래도 요즘은 남들이 말하는 '소확행'이라는 걸 자기도 좀 누려보고자 점심시간에 가끔 복합몰 식당가에 가서 먹고 싶은 것을 골라 만 이천 원 정도까지는 쓰기 시작했단다.

맛있고 좋다며 해시시 웃는 얼굴을 보다가 가슴이 좀 뻑뻑해졌다. 내가 오래 고민하지 않고 만 원이 넘는 점심 메뉴를 주문할 수 있었던 건 언제부터였나. 맥도널드에서 가장 싼 햄버거를 주문하는 초라함, 별로 든 거 없는 김밥에 음료수 하나를 곁들일 때의 망설임, 친구들과 오랜만에 만난 저녁의 즐거운 식사 중에 미리 내 몫의 밥값을 헤아려볼 때의 초조함. 그런 것들은 몹시 추운 날 한데에 오래 나와 있다가 마침내 따뜻한 곳에 들어갔는데도 몸에서 쉬이 가시지 않는 냉기 같다.

ㅁ

행복은 개인의 일생에 걸쳐 변화 없이 비슷하게 유지되는 것인가, 아니면 달라질 수 있나 하는 질문은 심리학이 오랫동안 천착해온 중요한 연구 주제이자 논쟁거리다. 행복이라는 것이 개인마다 설정된 값이 있어서 좋은 일을 겪거나 나쁜 일을 겪어도 시간이 지나면 다시 제자리로 돌아온다면, 그것은 안심이고 또 절망이다. 나는 지금 이 정도의 행복함 또는 행복하지 않음에서 앞으로 어떤 일을 겪는다고 해도 크게 달라지지 않을 것이라는 사실은 안심되기도 하지만, 행복을 위해 갖은 애를 써도 결국은 지금 이 상태에서 크게 나아지지는 않을 것이라는 가정은 얼마나 절망스러운가.

행복감은 개인마다 설정값이 있어서 복권에 당첨되는 정도의 좋은 일이 있거나 몸에 장애가 생기는 것처럼 힘든 일을 겪어도, 시간이 지나면 다시 제자리로 돌아온다는 것이 '행복의 설정값set point 가설'이다. 이 가설을 지지하는 이들은 다음과 같은 증거들을 제시한다. 일란성과 이란성 쌍둥이를 대상으로 행복감의 유전성을 탐색한 연구[4]와 연구 참여자들을 장기적으로 추적 관찰한 종단 패널 연구[5] 결과, 연구 참여자들의 행복은 타고난 것이 50퍼센트 이상이었다는 것. 행복감은 수입과 상관없이 10년이라는 긴

기간에 걸쳐 큰 변화가 없음이 확인되었다는 것.[6] 그리고 결혼, 사별, 이혼, 실직 같은 큰일을 겪은 다음에도 시간이 흐르면 삶의 만족도가 이전 수준과 비슷해진다는 것.[7]

그러나 심리학에서 언제나 중요하게 여기고 주목하는 것은 한 연구 혹은 여러 연구 결과에서 설명되지 않았거나 설명할 수 없었던 나머지 부분의 크기와 그것을 결정하는 요인이다. 정교하게 계획되어 잘 실행된 연구에서 행복의 유전성이 50퍼센트 이상으로 나타났다면, 나머지 부분을 결정하는 것은 무엇일까. 그리고 사람의 인생을 장기적으로 연구했을 때 행복 수준이 큰 변화 없이 유지되었다는 것을 보여주는 그래프에서, 위아래로 미세하게 추세선을 벗어나 있는 편차를 만드는 요인에는 뭐가 있을까. 바로 그런 것들 덕분에 우리의 삶은 각자 특별해지며, 과학은 그것을 탐색하는 시도에 의해 발전한다. 그러므로 우리는 눈에 불을 켜고 찾아봐야 한다. 나의 행복 설정값을 내 의지로 바꿀 만한 여지가 있는지, 있다면 얼마나 있는지를. 유전적 기질은 바꿀 수가 없고 타고난 환경에서 역시 크게 벗어날 수 없다고 해도, 나의 행복이 결정되는 데에 단 1~2퍼센트라도 내 몫이 있다면 그 약소한 부분에서 남과 다른 나만의 행복을 만들 수 있을 것이다.

행복을 연구하는 소련 출신 심리학자이자 리버사이드 캘리포니아 주립대학교 심리학과 교수인 소냐 류보머스키Sonja Lyubomirsky는 수천 회 인용된 그의 유명한 논문 〈행복 추구: 지속 가능한 변화 모형Pursuing happiness: the architecture of sustainable change〉[8]에서 행복을 구성하는 세 요인으로 유전적 설정set point, 환경, 의도적인 활동을 꼽았다. 그리고 류보머스키는 행복에 대해 정말 하고 싶었던, 그러나 이 논문에서 미처 할 수 없었을 이야기들을 그의 책 《행복의 방법The How of Happiness》에 적었다.

나는 '행복의 추구'라는 표현을 좋아하지 않는다. 오히려 행복의 창조 또는 건설이라는 표현이 적절하다고 생각한다. 연구 결과는 우리 스스로 행복을 만들어낼 힘을 가지고 있다는 사실을 보여주기 때문이다.

행복은 좇아가는 것이 아니라 나의 것으로 찾고 만들어 가는 것이라니, 멋진 아이디어다.

ㅁ

작지만 확실한 행복, 작은 행복이라는 말이 유행한 지 오래다. 소확행을 말하는 사람 중에는 '이 정도는 그저 별 것 아니'라는 듯 자신의 행복을 에둘러 표현하는 사람도 있고, '난 사람들이 말하는 큰 성취나 소유엔 별 관심 없 고 이런 일상의 만족감을 추구해요'라고 주장하고 싶은 사람도 있다. 앞으로도 근시일 내에는 그다지 큰 성취에 따르는 행복을 겪기가 소원하다는 것을 자각하고 있는 사 람이 자신의 일상 중 가까이서 느끼는 만족감에 붙이는 자조와 포기의 기색이 섞인 표현일 수도 있겠고, 너무나 불안하기만 한 가운데 그래도 이 정도는 나도 누려도 되지 않나 하고 잠시 자신을 다독이는 위로일 수도 있겠다. 그런데 사실 '소^小'도 '확^確'도 모두 내가 느끼는 행복에 대한 평가다.

심리학자들은 이미 행복은 크기나 정도보다 빈도가 더 중요하다는 것을 입증해왔다. 행복에도 잦은 경험과 연습이 필요하다는 것은 심리학이 우리에게 주는 귀중한 메시지다. 행복한 사람은 자주 음미하는 사람이고, 자주 즐거운 사람이다. 우리에게 행복의 타고난 설정값이 있다면 또는 어떤 강렬한 행복감도 결국은 시간이 지나면 익숙해지고 적응되어서 이전 상태와 가까워진다면, 행복의 문제는 역시 크기나 강도가 아니라 빈도일 것이다.

미래를 위해 현재를 담보하고 있는 이들이 한순간 누리는 행복감, 만족감, 기쁨 같은 것들을 무작정 축하하고 싶다. 너의 비싸고 맛있는 점심 식사를 축하해. 당신의 뜨거운 아메리카노와 아이스 카페 라떼를 축하합니다. 1분도 지체 없는 칼퇴를 축하해요. 오후 반차 쓰고 나와서 아직 화창할 때 시내를 걸어 다니는 것을 축하해. 오늘 치 유산소 운동을 해낸 것을 축하합니다. 우리가, 지금 한순간 누리는 행복감의 크기와 강도를 스스로 가늠하거나 평가할 필요가 있나. 다만 자꾸 경험하고 자주 인정할 일이다.

가치

몇 년 전 겨울, 연말이 연시와 연결되는 시기에 며칠 여행을 떠났다. 한 번도 그래 본 적이 없는데, 그때는 특별하게 한 해의 노고를 가족들과 서로 위로하며 지난해를 마무리하고 새해를 맞는 카운트다운을 하고 싶었다. 항공권을 예매할 때만 해도 이런저런 상상을 하며 기대에 차 있었는데, 막상 떠날 땐 연말에 정리해야 할 일들이 많아서 고단했기 때문에 별 준비도 하지 못한 채로 가방에 짐을 쓸어 담듯 해서 겨우 출발했다.

여행지는 대만이었다. 가서는 내내 컨디션이 좋지 않았

고, 매일 비가 왔고, 음식은 입에 안 맞았다. 어딜 가나 걷다 보면 스멀스멀 밀려오는 취두부 냄새에 며칠이 지나도 적응이 안 돼서, 청국장 앞에서 코를 막는 외국인들의 무례를 이해하게 되었다. 연말연시에 내 집 두고 왜 남의 나라에서 비싼 값을 치르며 이 고생을 하나 스스로 어이없었다.

그래도 그 와중에 애니메이션 영화 〈센과 치히로의 행방불명〉의 배경지라는 지우펀은 가고 싶었다. 만화 속을 걷는 듯한 환상적인 경험을 하고 싶은 동심이 과로로 메마른 내 심신에 그나마 남아 있는 촉촉한 부분이었다. 지우펀은 사람이 많고 복잡해서 '지옥펀'으로 불린다는 걸 알고 있었는데, 우리 아버지께서는 일찍이 당신의 둘째 딸을 두고 '똥인지 된장인지 지가 먹어봐야 아는 아이'라고 하셨다. 그 아이가 커서 이제는 그럴 때마다 함께 해주는 외동딸과 남편이 생겼으니 그나마 참 다행이다.

지우펀에서도 물론 비가 왔다. 비가 오니 우리가 겪은

혼잡함과 불편함은 객관적으로도 소문보다 훨씬 더했던 것 같다. 만화영화에서처럼 홍등이 걸려 있는 좁은 오르막길을 왜 오르는지, 어디까지 올라가야 하는지도 모르는 채 그저 떠밀려가고 또 가야 했다. 길은 다만 세 사람 정도가 나란히 서서 갈 수 있는 폭이었고, 그나마도 올라가는 행렬과 내려오는 행렬이 좌우편을 갈라 써야 했다. 길의 양쪽 옆에는 상점들이 빽빽해서 겨우 전진하다가도 앞사람이 어떤 상점에서 멈추면 속수무책으로 같이 서 있거나 정렬을 바꾸어 비껴가야 했다.

비는 조금씩 내리다 많이 내리다 했는데, 타이베이의 여느 길처럼 상점과 상점 사이는 비나 해를 막아주는 가림막이 있다가 없다가 했다. 그래서 우산을 쓴 사람은 우산을 접었다 폈다 해야 했는데, 그때마다 우산을 한쪽으로 치워 조신하게 물기를 털고 추스를 만한 공간도 없었으니, 서로의 옷이 젖는 것은 시간문제였다. 우비를 입은 사람은 그나마 좀 편해보이길래 사 입었더니, 이번엔 다른 사람들의 우산에 찔려 구멍이 생기는 걸 피할 도리가 없었다.

여길 대체 왜 올라가야 하나, 산이라면 정상에서 "야호"라도 할 텐데. 지우펀이 〈센과 치히로의 행방불명〉의 배경이 된 지역이라는 것 외엔 달리 아는 것도 없었던 우리는 사람들을 따라 올라가다가 이제 안 되겠으니 어떻게 할지 생각을 해보자 하고 만두집에 들어갔다. 잠시 쉬다가, 좀 더 올라가면 치히로가 센이 되어 일했던 온천장의 모델인 티하우스가 있다니까 거길 가보자 하고 일어났는데, 알고 보니 지우펀 그 좁은 골목길을 줄지어 가는 사람들 대부분이 그곳으로 향하고 있었다. 떠밀리듯 어렵게 티하우스 앞에 도착한 우리는, 결국 거긴 들어가 보지도 못하고 대각선 방향에서 사진 한 장을 찍은 다음 돌아 나왔다.

내려오는 길엔 청년들이 오징어 튀김을 작게 잘라서 종이컵에 들고 다니며 "마시쩌효! 존맛탱!"이라고 하길래 그걸 사 먹었고, 쇼핑백에 한국말이 적혀 있는 누가 크래

커를 세 상자 샀고, 딸에게 가오나시 인형과 버블티 모양 열쇠고리를 사줬다. 셋이 색깔 맞춰 사 입은 노란색 비옷에서는 빗물이 뚝뚝 떨어졌고, 비옷을 입으나마나 여기저기 축축했고, 피곤해서 넋이 빠질 지경이었지만, 우리는 지우펀 입구 편의점에서 컵라면을 각자 취향대로 사서 무사히 숙소로 돌아왔다.

그제야 깨달았다. 연말에 지우펀에 간다는 것은, 딱히 정해진 클라이맥스 없이 오로지 그곳에서 그 고생을 하려고 가는 것이라는 사실을. 12월 30일 밤이었다.

다음 날인 12월 31일엔 타이베이로 가서 101층 빌딩인 세계금융센터의 불꽃놀이를 봤다. 길바닥에 쭈그리고 앉아 있다가 현지인과 관광객 들 틈에서 2020년 1월 1일이 되기까지 카운트다운을 외쳤고, 불꽃을 보며 사진을 몇 장 찍은 다음 택시를 타고 호텔로 돌아와 다음 날 집에 가는 비행기를 타기 전에 곤약 젤리를 살 수 있으면 좋겠다고 생각하다가 잠이 들었다.

□

1월 1일은 어차피 12월 31일의 다음 날일 뿐이니 일출을 보러 가고 연말 여행을 하는 등 뭔가 송구영신의 이벤트를 치르는 것이 좀 새삼스럽고 부자연스럽다고 생각해 왔다. 게다가 사람은 언제나 최선의 가치를 추구하는 존재 아닌가. 그러니 연말연시와 같이 복잡한 시기에 여분의 시간과 돈이 있다면, 그 시간과 돈을 어딘가에 투자하여 수익을 내거나 근사한 성과물을 내는 데에 쓰지 않고 휴가에 쓰겠다고 정했다면, 따뜻하고 기분 좋고 배부르고 편안하기 위한 선택을 하는 것이 가장 가치 있는 의사결정일 것이다.

그러나 사람은 복잡한 존재다. 매 순간 가장 가치 있는 선택을 위해 노력하지만 그 '가치'라는 것이 늘 한결같거나 명확하지는 않으므로 최선의 선택을 결정하기란 쉽지 않다. 게다가 우리는 때때로 최선이 아님이 분명한 것을 굳이 선택하기도 한다.

이제껏 수많은 연구가, 인간은 어떤 행동을 할 때 그 결과로 얻을 수 있는 보상을 최대화하기 위한 선택을 한다는 것을 반복적으로 입증했다. 우리 뇌가 어떤 의사결정을 할 때 기대되는 보상의 크기를 예측하고, 실제로 얻은 보상의 크기와 비교하여 오류를 계산하고, 그 결과를 다음 의사결정에 활용한다는 것도 충분한 증거를 확보하고 있다. 그러나 우리는 늘 최고의 보상을 얻기 위해서만 의사결정을 하지는 않으며, 우리 뇌에는 보상의 가치를 처리하는 영역과 목표의 가치를 처리하는 영역이 따로 구분되어 있다.[9]

이 발견은 2020년 말에 〈네이처 커뮤니케이션 Nature Communication〉이라는 학술지에 발표되었는데, 연구의 실험 디자인은 의외로 단순했다. 연구 참여자들에게 보상의 크기가 제일 작은 옵션을 고르도록 해서, 보상을 최대화하는 것과는 다른 행동 목표를 준 것이다. 그리고 그 결과, 연구자들은 우리 뇌가 의사결정을 할 때 보상의 최대화와는 별개로 자신의 특정 목표를 이루는 것을 가치로 삼아 행동하게끔 세밀하게 디자인되어 있다는 것을 밝혀냈다. 이 발견은 그간 이루어진 수많은 인간 의사결정 연구의 가설과 실험 결과들이 시종일관 가리켰던, 인간이 '보상 최대화'만을 가치로 여기고 행동을 선택한다는 확고한 가정을 재고하게 한다.

실제로 우리는 종종 보상을 최대화하는 것과 별 관련 없는 행동을 하며 산다. 뭐 하러 그러나 싶지만, 그 가치를 이제는 조금 더 알겠다. 전에 동네 한 어르신이 이런 말씀을 하신 적이 있다.

"사는 재미가 별 거 없다. 남들이 맛있다고 하는 것 찾아 먹고, 인기 있는 드라마 있으면 그거 할 때 같이 보고, 그러는 게 재미지."

지우편에서의 고행을 마치고 숙소에 돌아왔을 때, 당시에 초등학교 고학년 신분으로 어느 때는 본격 사춘기인 것 같다가도 또 어느 때는 영락없이 어린이 같던 딸에게 어땠냐고 물었다. 힘들었단다. "그래? 그럼 다음에 또 가고 싶지 않을 것 같아?"했더니, 그건 아니란다. 당장은 아니지만 중학교 가면 한 번 더 가고 싶단다. "아 그래? 뭐가 좋았는데?"하고 물었더니 이렇게 대답했다.

"엄마, 아빠랑 우리 셋이 우비 입고 비 맞고 다닌 거."

이번엔 "아 그래? 그건 집에 가서 비 오는 날 또 해도 되잖아. 그런데 지우편에 또 가고 싶어?"하고 물었다. 딸의 대답은 이랬다.

"근데 그러면 다닥다닥 붙어서 다닐 수는 없잖아. 나는 우리가 같이 우비 입고 앞사람이랑 뒷사람이랑 막 붙어서 다닌 게 재미있었어."

집요한 엄마지만 늘 어떤 답을 기대하며 질문을 하지는 않는데, 딸은 언제나 정답을 말한다. 우리의 대만 여행은 이로써 노란색 우비를 입은 해맑은 초등학생이 나오는 허우 샤오시엔 영화 같은 느낌으로 남게 되었다.

성장

2021년 초, 인지도가 없거나 이제는 잊힌 가수들에게 노래할 기회를 주려는 취지의 TV 오디션 프로그램 〈싱어게인〉이 꽤 인기를 모았다. 당시 몇몇 가수는 참가한 것만으로도 많은 사람에게 놀라움과 기쁨을 주었는데, 특히 두 명의 여자 가수가 그랬다. 매력적인 음색과 실력 있는 가창으로 한때 대중의 사랑을 받았던 그들은, 둘 다 오디션 무대에서 각자 자신의 히트곡을 불렀다. 그리고 심사위원들은 한 명은 합격시켰고, 한 명은 떨어뜨렸다. 아이러니하게도 심사평의 요지는 같았다. 변하지 않았다는 것. 즉,

한 사람은 '자신의 모습을 지키는 것이 정말 어려운데, 변하지 않은 것이 너무 좋다'라는 평을 듣고 합격했고, 다른 한 사람은 '보컬리스트로서 과도기인지, 처음 데뷔했을 때의 모습에 갇혀서 노래하는 것 같다'라는 평을 듣고 합격이 보류된 것이다.

어떤 변하지 않음이 '정체'이고 어떤 변하지 않음이 '성장'일까? "변했구나"라는 말이 어느 때는 감탄을 동반하지만 어느 때는 실망을 담은 탄식인 것처럼, "변하지 않았구나"라는 말 역시 어느 때는 칭찬이나 어느 때는 질책의 마음에서 비롯된다. 시간에 따라 존재가 변화를 겪고 그 변화를 드러내게 되는 것은 자연의 이치인데, 어떤 존재가 변치 않는 중이라면 그것은 성장의 일환인가 아니면 퇴행의 증거인가? 변치 않음이 성장인지 정체인지 퇴행인지는 어떻게 알아보는 것일까? 마침 인생의 큰 변화를 목전에 두고 있었기 때문이었을까. 많은 질문이 두서없이 떠올랐다.

성장. '이루다', '갖추어지다'라는 뜻의 '성成'과 '길다', '낫다', '나아가다'라는 뜻의 '장長'이 합쳐진 말로, 사람이나 동식물이 자라서 점점 커짐을 일컫는다. 때로는 형태의 변화가 따르지 않는 증량을 이르기도 한다. 즉, 물리적으로 커지고 많아지는 것이 성장이다. 그런데 인간의 성장은 물리적 성장의 개념과는 좀 다르다. 프로이트가 주장한 인간의 심리발달 단계는 인간이 물리적·기능적 성장의 정점을 찍게 되는 성인기 초기에서 설명이 멈춰 있지만, 그 시기에 성장이 끝나거나 이후의 인생이 퇴행만 하는 것은 아니다.

나이 듦에 따른 뇌의 변화 양상만 해도 그렇게 단순하지 않다. 생후 인간의 뇌는 뉴런이라고 부르는 신경세포가 기하급수적으로 많아지고, 뉴런 간의 연결인 시냅스 수가 엄청나게 늘어난다. 그러다가 청소년기에 이르러서는 시냅스들이 한번 싹 정리되는 일이 일어난다. 이 가지치기가 잘 일어나야 성인의 건강한 뇌로 자란다. 양이 많아지는 것뿐만 아니라 적어지는 것도 성장의 일환인 셈이다. 청소년기를 지나 청년기에 다다른 뇌는 이제 중년과 노년으로 나이 듦에 따라 서서히 노화되어 전체적인 크기나 세부 영역 간 연결성이 줄어든다. 그러면서 기억력이나 외부 자극에 반응하는 속도 역시 저하되지만, 인간사를 이해하는 능력과 통찰력은 노년기에 더욱 발달하여 뇌의 물리적 전성기를 맞는 청년보다도 수준이 높아진다. 즉, 우리는 살면서 쉼 없이 변화하는데 그 변화는 측정치의 증가뿐 아니라 감소로도 나타난다. 따라서 일부 물리적 측정치의 수준만으로 성장을 말하는 것은 좀 단순하다 못해 게으르다.

ㅁ

어렸을 땐 변함과 변하지 않음을 생각하며 시간을 많이 썼다. 사람이 변하는 것이 무턱대고 슬프고 속이 상했다.

누군가를 좋아하는 간절하고 설레는 마음도 시간이 흘러 어른이 되면 그만 옅어지고말까 봐 불안했다. 변한다는 것은 완전하지 않은 것이라 생각했고, 불완전하고 미숙한 마음이라서 변한다고 생각했다.

'완전하고 깊은 마음은 변하지 않을 테니 더 완전하고 깊어져야지. 그런데 아주 깊고 진지한 마음이어도 결국 잊어버리게 된다면, 그럼 이 마음은 어디로 가는 걸까?'

이런 생각을 하느라 늦도록 잠이 오지 않았다. 돌이켜 생각해보면, 무엇을, 누군가를 좋아하는 마음보다도 간절했던 것은 실은 그저 변하지 않길 바라는 마음이었던 것 같다.

그래서였는지 '이런들 어떠하리 저런들 어떠하리'라며 이씨 조선으로의 정권 교체를 받아들이라 요구하는 이방원의 하여가를 압도한 정몽주의 단심가 속 일편단심을 선망했고, 봄여름가을겨울의 노래 〈사람들은 모두 변하나 봐〉를 들으면 변하는 것이 슬픈 것은 나뿐만이 아니라는 생각을 하며 위로받았다.

손원평 작가의 소설 《아몬드》의 주인공 윤재는 정서와 감정을 관장하는 뇌 영역 발달에 문제가 있어서 감정의 지각과 표현을 잘 할 수 없는 아이다. 소설은 그런 윤재가 세상을 살아나가면서 사람들과 관계 맺고 성장하는 내용이다. 갑작스러운 사고로 가족을 잃고, 악연과도 같은 친구를 만나고, 그 친구로 인해 위험에 휘말리는 등 엄청난 일들을 서툰 감정 속에서 더듬더듬 겪어내던 윤재는 성장의 큰 고개를 넘어가는 길목에서 자신의 보호자인 심 박사에게 묻는다.

"자란다는 건, 변한다는 뜻인가요."

변화의 치열한 과정을 온몸과 마음으로 받아내면서도 내내 담담했던 윤재에게도, 변한다는 것은 쓸쓸함과 두려움으로 다가왔을까? 질문을 받은 심 박사는 이렇게 답한다.

"아마도 그렇겠지. 나쁜 방향으로든 좋은 방향으로든."

마땅한 대답이다. 나쁜 방향으로든 좋은 방향으로든, 변한다는 것은 자란다는 것이다.

¤

변함과 변치 않음의 의미에 골몰하다가 '다만 변화를 불안해하지 않고 현재에 집중하며 담대하게 지금 할 수 있는 것을 해야 할 뿐이구나' 하는 생각에 닿는 나는, 이 제 누가 봐도 당연한 어른이다. 변한다는 것은 그저 주어 진 삶을 성실히 사는 것일 테고, 성실히 사는 동안 겪는 변화는 때로는 성장을, 정체를, 퇴행까지 아울러 품을 것이다. 그리고 사람들은 더러 그 과정의 어느 단면을 보게 되겠지. 각각의 단면을 보고 어느 때는 변하지 않았다고 반가워하거나 실망하고, 또 어느 때는 변했다며 감탄하거나 아쉬워하는, 그런 거겠지.

그렇다면 성장이라는 것은 변화의 주체가 그 변화의 단

면을 들여다본 사람과 상호작용하며 비롯되는 것은 아닐까. 변화의 과정 중에 시시때때로 사람들과 소통하여 원하거나 요구하는 것들을 눈치 챌 수 있다면, 그래서 홀로 성장하고 정체하고 퇴행하는 것이 아니라 변화의 과정을 효과적으로 공유할 수 있다면, 그러면 참 좋겠다. 변해가는 나를 사람들에게 보여주고 서로 각자의 변화가 미치는 영향을 주고받을 수 있다면, 그렇게 함께 살아갈 수 있다면….

오디션 프로그램 〈싱어게인〉에서 데뷔했을 때의 모습에 갇혀 있는 것 같다는 평을 듣고 합격이 보류되었던 가수 유미는, 후에 패자부활전을 거쳐 10위권에까지 들었다가 최종 6인을 뽑을 때 탈락했다. 최종 라운드까지 가지는 못했지만 프로그램이 회차를 더해갈수록 좋은 무대를 선보였는데, 어느 무대에서는 이전과 같은 창법으로 노래하며 변하지 않았고 어느 무대에서는 색다르게 노래하며 변화했다. 그러는 중에 내내 노래하는 사람으로 살고 있었음을 보여주었고 이미 훌륭한 가수임을 증명했으며, 앞으로도 그럴 것이라는 기대를 심어주었다. 가수 유미가 그렇게 차근차근 나이 들어 단독 콘서트도 연말 디너쇼도 하길 바란다. 그러면 그때마다 좋은 친구와 함께 그의 성장의 단면을 보러 가겠다.

공감

'따뜻한 무관심'이나 '무심한 배려'는 요즘 인간관계의 한 흐름을 나타내는 말이다. 무관심이 따뜻할 리 없고 무심하면 배려하기 어려울 테니 모순되는 단어들의 조합이지만, 한편으로는 어떤 의미로 하는 말인지 알 것 같다. 나를 생각한다면 지금 그냥 좀 내버려두고 지나가주길 바라는 마음, 배려하는 자신을 내세우기보다는 차라리 짐짓 관심 없는 듯 못 본 척해주길 바라는 심정 같은 게 아닐까.

강한 공감이나 공감에서 비롯된 적극적인 행동이 언제나 위로가 되는 것은 아니다. 내가 힘들 때는 공감을 표현하며 다가오는 누군가를 대하는 것이 또 다른 부담일 수 있다. 그리고 정서적 공감이라는 이름을 앞세운 자기중심적인 감정을 조절하는 것이나, 상대방에게 다가가기보다 한 걸음 옆에서 지켜보기만 해야 할 때를 구분해 알아차리기는 쉽지 않다.

어머니께서는 환갑을 며칠 앞둔 어느 날 주무시다가 돌아가셨다. 시동생의 연락을 받은 건 주말 오전이었다. 외출 중인 남편에게 덜덜 떨며 전화를 했고, 그다음부터는 장례식장에 가 있기까지 뭘 어떻게 했는지 구체적으로 기억나지 않는다. 어머니의 큰아들인 남편은 일련의 절차에 따라 빈소를 마련하고 장례를 치를 준비를 했다. 침통해 보일 뿐 어떤 마음일지 짐작도 어려운 표정으로 여기저기 연락하고 이것저것 주문하고 비용을 결제하고 조문객을 맞았다.

가족도 조문객도 모두가 황망한 중에 저녁이 되었는데, 어머니의 지인으로 보이는 낯선 분들이 찾아오셨다. 한 세

분이었나…. 신발을 벗어 던지듯 하고 영정 앞에 꼬꾸라지더니 내 친구 어디 갔나 살려내라 하며 통곡을 했다. 그 앞에는 제대로 울지도 못하고 꾸역꾸역 장례를 치르고 있는 가족들이 서 있었다.

남편이 무너진 건 조문객이 모두 떠난 깊은 새벽이었다. 영정 사진 앞 맨바닥에 몸을 부리고 엄마를 부르며 울었다. 그 옆에서 남편의 동생도 엎드려 흐느끼고 있었는데, 하루아침에 엄마를 잃은 비통함은 형제가 함께 겪는 것이었지만 오롯이 각자의 슬픔이기도 했다. 나 역시 나대로 슬퍼했을 뿐 남편의 비통함을 정확하게 같이 느낄 순 없었다. 막막하고 안타까웠다.

ㅁ

정확한 공감은 가능한가? 만약 가능하다면 정확하게 공감하는 것은 어떤 의미가 있나? 고통스러운 상황에 처해 마음이 설명할 수 없이 슬프고 복잡할 때, 마주 앉은 사람이 내 얘기를 듣고 같이 눈물 흘리며 고개를 끄덕여주면 위로가 될 수 있다. 그러나 그건 단지 공감의 효과라기보다는 상대방이 나를 알아주고 이해해주고자 마음을 내주는 것으로 인한 위로이기도 하다. 정말 똑같이 느껴야 더 적절히 위로하고 힘이 되어 줄 수 있을까? 심리적 고통에 빠진 누군가를 위로하는 데에 정확한 공감이 반드시 선행되어야 할까?

공감이란 한 가지로 느끼는 것, 즉 같이 느끼는 감정을 말하며, 심리학에서는 타인의 상태와 일치하는 타인 지향적인 감정이라고 설명한다. 어떤 감정인지는 중요하지 않고 같이 느낀다는 것이 중요하다. 뇌 과학적으로 볼 때, 공감은 내 과거 경험의 범주 안에서 이루어지는 뇌 활성화를 토대로 이루어진다. 뇌 영상 연구 결과, 사람의 뇌에서는 사랑하는 사람이 통증을 느끼는 순간에, 본인이 통증을 느낄 때 활성화되었던 영역들 중 일부(전측대상회, 뇌

섭엽)가 활성화된다는 것이 확인되었다.[10] 이것이 바로 공감의 뇌신경학적 실체다. 나의 고통의 경험을 바탕으로 타인의 고통을 같이 느끼는 것. 우리는 타인의 고통이 스스로 경험한 것과 같을 때만 정확하게 공감할 수 있다. 미리 겪어본 사람만 공감의 자격이 있는 것이다.

사회심리학자 대니얼 뱃슨Daniel Batson은 "한 사람이 곤경에 빠진 다른 사람에게 감정이입할 때 특별한 형태의 도움이 발생할 수 있으며, 그것은 순수하게 이타적이다"라며, 인간의 공감을 이타성과 연결 지어 설명했다. 그러나 공감은 자신이 직접 경험한 정서를 바탕으로 이루어지기 때문에 다분히 자기중심적이다. 그래서 일상에서 우리는 친구의 상황에 정확하게 감정이입해 그만큼 슬퍼하느라 도움이 되기는커녕 제 일상을 유지하지 못할 때도 있고, 어느 때는 친구보다 더 크게 울면서 그게 친구에게 위로가 되는지 상처가 되는지조차 알아차리지 못한다.

이제 인지적 공감에 관해 얘기할 차례다. 인지적 공감이란 자신의 관점을 타인의 관점으로 이동하여 그를 이해하는 능력을 말한다. 뇌 과학자들은 우리 뇌에 다른 사람의 고통을 정서적으로 공감할 때 활성화되는 뇌 영역들과 구분되는, 인지적 공감의 회로가 있다는 것을 밝혔다.[11] 정서적 공감과 인지적 공감이 서로 다른 뇌 영역의 활성화를 기반으로 한다는 것이다. 이는 우리가 나의 경험을 토대로 타인과 똑같은 고통을 느끼며 정서적 공감을 하기도 하지만, 내 관점을 상대방의 관점으로 이동시켜서 그 사람의 고통을 상상하고 이해하며 인지적 차원에서 공감하기도 한다는 주장의 뇌신경학적 증거다.

〈인식이 곧 위로라는 것〉. 문학평론가 신형철이 쓴 어느 칼럼의 제목이다. 제목에 이끌려 읽어보니 이런 구절이 있다.

위로는 단지 뜨거운 인간애와 따뜻한 제스처로 가능한 것이 아니다. 나를 제대로 이해하지 못한 사람이 나를 위로할 수는 없다. 더 과감히 말하면, 위로받는다는 것은 이해받는다는 것이고, 이해란 곧 정확한 인식과 다른 것이 아니므로, 위로란 곧 인식이며 인식이 곧 위로다.

매우 그렇다. 우리는 직접 경험해보지 않은 고통이라도 의지와 노력을 통해 타인에게 인지적인 공감을 시도하여 그 고통에 다가갈 수 있다. 그리고 정확한 인식과 이해를 통한 인지적 공감은 고통받는 타인에게 위로가 될 수 있다.

우리가 함께 살아가는 데 있어서 공감보다 중요한 것은 어쩌면 받아들이는 것이겠다. 그가 그렇게 느낄 수 있겠다고 받아들이는 것. 그 고통을, 슬픔을, 분노를 존중하는 것. 내가 앞서 느끼거나 똑같이 혹은 더 깊이 느끼기보다 다만 받아들이고 지켜봐주는 것이겠다. 그리고 그가 느끼는 감정의 깊이와 굴곡, 그 흐름을 살펴보며 기다려주고 때로는 도움을 필요할 때를 살펴 손을 내밀어 주는 것. 그것이 기꺼이 공감하고자 마음먹은 사람이 할 수 있는 최선의 이타적인 공감일 것이다.

얼마나 지속될지 알 수 없는 타인의 고통을 몇 년 동안이나 똑같이 따라서 느끼는 것은 어려운 일이다. 그러니 유가족, 생존자, 직업을 잃은 사람, 크고 작은 일상의 불행한 일을 겪은 사람 앞에서 정확하고 뜨겁게 같은 감정을 느끼기보다는 그의 관점에서 인식하고 이해하도록 노력하여 위로를 시도하고, 함께 할 방법을 생각하며 곁에 있어 주는 것은, 요즘 유행하는 '따뜻한 무관심'이나 '무심한 배려'와도 비슷한 면이 있다. 그리고 그런 것들은 누군가에게 '언제까지 슬퍼해야 하냐, 그만할 때도 되지 않았냐'고 따져 묻지 않을 방법이기도 하다.

4

때론 폭력의 말들

화목하다

어느 날 SNS에서 치열한 자기 고백과 공방전이 벌어졌다. 주제는 '화목한 가정' 또는 '화목한 가정에서 자란 배우자'였다. 누군가가 화목한 가정에서 자란 사람을 배우자로 선택해야 한다는 글을 쓴 탓이었다. 화목한 가정이란 무엇일까 따져보는 것부터 시작해서, 화목한 가정에서 자랐으나 폭력적이었던 사람을 만났던 경험의 고백, 특정 조건으로 사람을 고르는 것에 대한 비판, 화목한 가정에서 자라지 못한 사람들의 자기 이야기, 어린 시절의 가정환경으로 사람을 평가하는 것에 대한 반감 등이 이틀간

이어졌다.

  화목한 가정에서 자란 사람을 배우자로 선택해야 한다는 주장은 화목하지 않은 가정에서 자란 사람은 배우자로 선택하면 안 된다는 주장과 동일해보이기 때문에, 많은 사람의 (감정 동요로 연결되는) '버튼이 눌린' 것이다.

  화목한 가정에서 자란 사람을 배우자로 선택해야 한다는 주장은 합당한가? 그런데 이 주장엔 일단 '화목한 가정'을 정의하기가 참 어렵다는 문제가 있다. 이 '화목한 가정'이라는 유명무실한 신기루는 많은 사람의 가슴에 멍을 만들어 왔다. 아이들은 엊저녁 부모의 다툼이나 폭력을 목격한 다음 날, 화목한 가정에서 막 나온 듯한 친구들의 일상 단면을 보며 가슴 속에 어둠을 키워간다. 맞고 자란 아이가 때리는 어른이 된다는 폭언을 듣는 아이는, 자기가 맞고 있기 때문에 때리는 어른이 될까 봐 아니면 어른이 되어도 내내 맞게 될까 봐 고개를 들지 못하고 다닌다. 일상적으로 방치되거나 두려움에 떨면서 지내는 아이

는 보살핌을 받지 못해 서러운 것도 모자라 좋은 어른이
되지 못할까 봐 걱정하고 화목한 가정을 꾸리지 못할까
봐 불안하다.

ㅁ

어린 시절 가족 내의 의사소통 방식이 성인이 된 후 결
혼 생활에 영향을 미친다는 것이 틀린 말은 아니다. 심리
학자 로버트 애크먼^{Robert Ackerman}은 1989~1991년에 평균
나이 12.6세의 어린 청소년 288명을 모집하여 가족 관계
에 관한 연구를 진행한 뒤, 20년이 지나 성인이 되어 가정
을 꾸린 그 아이들을 다시 만났다.[12] 실험은 아이를 포함
한 가족 4명을 한 자리에 모아 어떤 문제에 대해 15분간
이야기 나누게 한 뒤, 그 모습을 관찰해 상호작용에서 나
타나는 긍정적인 개입의 정도를 측정하는 방법으로 진행
됐다. 상대방이 얘기할 때 잘 반응하는지, 자기주장이 강

한지, 대화 중 친사회적인 행동을 하는지, 효과적으로 소통하는지, 상대방을 따뜻하게 지지하는지 등이 주요 평가 항목이었고, 아빠-엄마, 아빠-자녀, 엄마-자녀 등 각 관계를 평가했다.

30대 초반의 성인이 된 그 아이들을 다시 찾은 애크먼은 이번엔 그들의 배우자까지 만나서 부부 간의 애정 관계, 관계 내의 문제, 미래 계획 등을 이야기하게 하며 25분 간 녹화를 했고, 성인이 된 아이가 배우자에게 보이는 긍정적인 대화 태도, 배우자가 상대방에게 보이는 긍정적인 대화 태도를 각각 평가했다. 결과는 예상한 대로였다. 어린 시절 가족 대화에서 측정된 긍정적인 개입의 점수는, 이후 아이가 커서 자신의 배우자에게 보이는 긍정적 대화 태도와 상관이 있었을 뿐 아니라 배우자가 보이는 긍정적인 대화 태도와도 상관있었다. 즉, 내가 어릴 적에 우리 가족이 서로 긍정적인 태도로 의사소통하고 지냈으면, 나중에 내 배우자에게 긍정적인 태도로 대할 가능성이 있을 뿐 아니라, 배우자도 긍정적인 태도로 나를 대해줄 가능성이 있다는 내용이다.

그러나 사실 8퍼센트에 불과했다. 애크먼의 연구 데이터 분석 결과, 어린 시절 가족의 화목한 대화가 이후 배우자와 나누는 긍정적 의사소통에 기여한다는 것이 확인되었지만, 그 양적인 지분은 고작 8퍼센트였다는 말이다. 한 성인이 자신의 배우자와 의사소통하는 방식에는 20년 전 가족 내 의사소통 양상 말고도 다른 많은 요인이 영향을 미칠 텐데, 해당 연구에서는 그것들을 모두 다루지는 않았다. 일단 그럴 수가 없다. 배우자와의 화목한 의사소통의 정도를 결정하는 모든 변수를 알지 못하기 때문이다. 연구자들은 언제나 이론적 가설을 세운 후 측정 가능한 일부 변수들만 분석할 뿐이고, 그 분석 결과를 토대로만 이야기해야 한다. 그 이외의 이야기를 하는 것은 과학이 아니다.

논의의 초점은 화목한 가정에서 자란 것이 중요한지 아

넌지에 맞춰질 일이 아니다. 과연 사람을 그런 식으로 대상화해도 되는지에 맞춰져야 한다. '화목한 가정에서 자란 사람이어야 한다'는 주장은 굉장히 평면적이고 단순한 것은 둘째치고, 폭력적이다. 왜냐하면 선택할 수 없는 환경적인 요인으로 사람을 대상화하고 있기 때문이다. 심지어 사람에게 영향을 미칠 수 있는 수많은 환경 요인 중에 가장 말하기 쉬운 것을 골라 근거 없이 비약하고 있기 때문에 과학적이지 않다.

ㅍ

몇 년 전 동창들과 은사님을 모시고 식사를 하는 자리에 나갔다가 남자 동창을 오랜만에 만나게 되었다. 사회적으로나 개인적으로 상당히 훌륭한 면모가 많아서, 평소 참 좋아하는 친구다. 오랜만에 은사님을 모시고 만난 자리가 그렇듯 담소가 오가는 가운데 그 친구가 화제의 중심이 된 시점에, 내가 "와 네가 이렇게 좋은 남편감인 걸 왜 학교 다닐 때는 몰랐지. 너무 안타깝다. 그때 알았어야 했는데 말이야" 하고 말했다. 모두 맞장구를 치며 웃었고, 그 친구도 같이 하하 웃으며 이렇게 말했다. "고맙다, 야. 그런데 칭찬을 받은 것 같은데 왜 이상하게 기분이 좋지만은 않지?"

농담이 농담으로 이어졌을 뿐이고 모두 웃고 말았는데, 나는 순간 가슴이 철렁했다. 집에 오는 길에 곰곰이 생각해보다가 깨달았다. 내가 공개적인 자리에서 그 친구를 대상화했다는 것을. 사람을 대상화한다는 것은 그 사람의 인간적인 면모나 개성을 모두 무시하고 상품이나 물건처럼 취급한다는 것이다. 그 친구는 당시 식사 모임에서 유일한 남자였고, 그 자리에서 나에게 '신랑감'으로 대상화되었고, 모두 웃음으로써 거기에 동조한 셈이었다. 사실 여성이라면 누구나 어릴 때부터 늘 경험하는 일이다. '좋은 신부감'이라는 대상화.

이쯤에서 행복한 삶과 회복탄력성의 요인을 탐색한 한 연구 결과를 살펴볼 필요가 있다. 하와이의 카우아이 섬에서 1955년에 태어난 아기들을 중년이 될 때까지 추적한 장기 종단 연구다.[13] 당시 태어난 아기 698명 중 30퍼센트가 가난하거나 가족 중 중병 환자가 있거나 부모가 이혼했거나 정신병 가족력이 있거나 부모가 교육을 받지 못한 가정에서 자랐는데, 연구자들은 이들 중 어려운 가정 환경을 극복하고 자신의 삶을 주도적으로 살면서 남을 보살필 수 있는 좋은 어른으로 자란 경우에 주목했다. 그 결과, 이들이 문제없는 삶을 살고 회복탄력성이 높으며 스트레스를 성공적으로 극복하고 적응할 수 있었던 요인을 세 가지로 압축했다. 첫 번째는 개인의 성격 특성이었고, 두 번째는 조부모, 이모, 삼촌에게서 받은 보살핌이었고, 세 번째는 마을 커뮤니티의 선생님, 이웃, 친구 들이 보낸 정서적 지지였다.

사람의 삶은 단순하지 않다. 타고난 유전적 기질이 있

고 그에 영향을 미치는 환경이 있다. 유전과 환경은 끊임없이 상호작용하는데다, 살면서 언제 어떤 환경적 변수를 만날지는 예측 불가능하다. 우리는 그저 현재의 상태를 살피고 그 원인을 찾기 위해 각종 오류가 포함된 통계 분석 결과를 해석해볼 수 있을 뿐이라, 개인의 미래를 섣불리 예단해서는 안 된다. 이를테면 아내와 의사소통이 어려운 남자를 보면서 그가 어린 시절 가정 내 의사소통이 원활하지 못했으리라 추측해볼 수는 있다. 하지만, 화목하지 않은 가정의 아이가 나중에 화목한 가정을 꾸리기는 어려우리라 단정 지을 수는 없고 그래서도 안 된다.

누군가가 어쩔 수 없이 겪어야 했던 혹은 지금도 겪고 있는 가정환경이나 인종, 경제적 수준, 건강 문제 등으로 그를 규정짓고 대상화하는 것은 결국 특정 대상을 향한 사회적 혐오나 차별로 이어질 수 있다. 인생은 고통의 바다라고 하지만, 같이 사는 사람들끼리 서로 아름다운 면을 봐주고 아름다워질 기회를 줄 수 있다면 얼마나 좋을까? 고통의 바다일지라도 그 바다에 해가 뜰 때는 얼마나 눈이 부시고 석양이 내려앉을 때는 얼마나 아름다운지, 빛이 일렁이는 잔물결을 보고 있으면 얼마나 가슴 설레는지 같이 보고 느끼면서.

그런 사람

매년 1월 셋째 주 월요일은 1950~60년대 흑인 민권 운동을 이끈 마틴 루터 킹 목사를 기리는 미국의 공휴일, 마틴 루터 킹 데이Martin Luther King Day다. 매년 이날은 미국 공공기관이 대부분 문을 닫을 뿐 아니라 뉴욕 증시와 채권 시장까지 휴장하고 킹 목사를 기린다.

그런데 2027년의 마틴 루터 킹 데이에는 아마도 경건한 추모 분위기 대신 긴장감이 감돌 것 같다. 바로 그 2주 후인 1월 31일에 미국국립문서보관청에 잠자고 있는, FBI가 마틴 루터 킹 목사를 감시한 기록과 도청 음성 파일이 공개될 예정이기 때문이다. 킹 목사의 말년에 그를 감시하고 도청했던 FBI의 폭로에 따르면, 공개 예정인 문서와 음성 파일에 킹 목사가 수십 명의 여성과 외도한 증거와, 그가 눈앞에서 벌어지는 강간을 말리기는커녕 보고 즐겼다는 증거 등 믿을 수 없는 비윤리적인 내용이 담겨 있다고 한다. 자료의 사실 여부와 상관없이, 그런 이야기들로 시작해야 하는 2027년은 상상만 해도 벌써 머릿속이 시끄럽고 기분이 언짢다.

정말일까? 정말이라면, 어떻게 그렇게 훌륭한 사람이 그런 행동을 했을까? 그런데 사실 우리는 그런 사람인 줄 몰랐던 그런 사람을 제법 많이 알고 있다.

2021년 1월의 어느 날, 정의당 장혜영 의원은 자신의 페이스북 계정에 놀라운 글을 한 편 올렸다. 정의당이 김종철 대표를 성추행 건으로 직위 해제시켰다는 사실을 알리는 글이자, 사건의 피해자는 본인이라며 자신의 입장을 밝히는 글이었다. 그 글에서 특히 주목할 만한 대목은 장 의

원이 피해자다움과 가해자다움을 언급한 부분이었다. 장 의원은 성폭력 사건에서 '피해자다움이 결코 존재하지 않는다는 것' 못지않게 '가해자다움이 존재하지 않는다는 것'도 중요하다고 짚었다. 성폭력을 저지르는 사람이 따로 정해져 있지 않으니 가해자를 두둔하다가 피해자에게 2차 피해를 가해서는 안 된다는 메시지였다.

지난 학기 사회심리학 수업에서 장혜영 의원의 입장문을 중요한 텍스트 자료로 활용했다. 인간의 행동은 '그런 사람'이라는 개인적 요인으로만 결정되는 것이 아니라 개인과 상황이 끊임없이 상호작용한 결과다. 사회심리학은 수십 년간 수많은 연구로 이러한 인간 행동의 기본 원리를 입증해왔다. 사람은 다양한 '상황'을 만나 나도 남도 그럴 줄 몰랐던 행동을 하기도 하고, 때로는 사람 자체가 다른 사람의 '상황'이 된다.

마틴 루터 킹 목사나 정의당 성추행 사건은, 여러 정치계 거물이나 인권 운동에 헌신한 훌륭한 인사가 사적인 생활에서 반인권적인 행태를 고발당했을 때 피해자가 오히려 의심받고 나아가 2차 가해를 입는 현상을 대표한다. 피해자에게 피해자성을 강요할 수 없듯이 가해자에게 가해자성의 고정관념의 필터를 덧대어서는 안 된다는 것을 경고하는 데 있어 사회심리학 이론들과 연구 결과 중 활용할 만한 자료는 차고 넘친다. 물론 같은 이야기가 반대의 경우에도 적용 가능하다. 한번 나쁜 놈은 언제나 영영 나쁜 놈일까? 뇌부터 남다른 사이코패스나 소시오패스에 대한 논의는 차치하더라도 그게 참 그렇지는 않다.

ㅁ

한창 상담받던 시절, 나를 상담해주시던 은사님께 들은 이야기가 하나 있다. 국내 소비자생활협동조합의 대표 격인 '한살림'의 전신 '원주 소비자협동조합'을 창립한 무위당 장일순 선생의 일화다. 어느 날부터인가 원주역 앞에 어떤 노파가 매일같이 앉아 있었는데, 길을 지나다 그 모습을 본 장일순 선생이 왜 앉아 계시냐며 연유를 물었다. 노파는 그 자리에서 큰돈을 강도 맞았다며 그걸 찾아야 해서 앉아 있다고 답했다. 그러자 장일순 선생은 내가 찾아드릴 테니 여기서 이러지 말고 가 계시라 하고선 그날부터 매일 그 자리에 노파 대신 앉아 있었다. 원주에서 유명 인사인 장일순 선생이 노파의 돈을 찾아주겠다고 매일 원주역 앞에 앉아 있으니 곧 소문이 났고, 어느 날 드디어 돈을 훔쳐 간 사람이 나타나서는 일부는 썼다고 죄송하다며 남은 돈을 돌려주고는 사라졌다. 이야기는 여기서 끝날 법하지만 그렇지 않다.

노파에게 돈을 찾아주었으니 이제 안 그래도 될 텐데, 장일순 선생은 또 몇 날 며칠을 그 자리에 앉아 있었고, 그게 또 소문이 돌아서 도둑이 결국 다시 나타났다. 그가 왜 아직도 앉아 계시냐, 돈을 돌려드리지 않았냐 따져 물었을 때, 장일순 선생은 이렇게 대답했다.

"내가 자네 영업을 방해해서 미안하니, 밥이라도 한 끼 사려고 기다렸네."

남의 돈을 훔쳐 갔던 파렴치한 도둑을 만났으면 도둑놈이라 칭하고 그 이름에 걸맞게 대하는 것이 당연할 텐데, 영업을 방해해서 미안하다니 무위당은 어쩜 그럴 수 있었나. 사람에게 편견을 두지 않는 그 해맑음이 무모하게 느껴지기도 하고 신선하기도 하다. 외모, 과거 행적, 집안, 학벌, 직업 등의 외양에 구애받지 않고 사람을 대하는 것이 가능할까 싶지만, 누군가가 나를 그리 대해주면 얼마나 자유로울지….

너무나 많은 자극과 정보에 둘러싸여 사는 우리는, 모든 일에 관련된 낱낱의 정보를 꼼꼼히 파악하고 판단하기가 어렵다. 그래서 인지적으로 빠른 지름길을 가려는 것이 인간의 오래된 습성이다. 빠르고 효율적인 방식일수록 오랫동안 습관적으로 쓰이기 마련이고, 일단 어떤 습관에 길들면 바꾸기가 여간 어렵지 않다. 그리고 어떤 습관적이고 자동적인 인지 처리는, 편견이 되어 의식하기도 전에 일어나버린다.

'편견'이라는 쉽고 빠른 습관이 부정적인 프레임으로만 작동하는 것은 아니다. 인권 변호사나 사회적 약자를 위해 힘써온 정치가라면 사적인 생활에서도 그저 바를 것이라는 생각 역시 편견이다. 여자는 사치스럽고 나약한 존재라는 주장뿐 아니라 여성은 위대하고 고귀하며 보호받아 마땅한 존재라는 주장 역시 여성을 대상화하는 성차별의 일환인 것처럼.

어느 날의 상담 시간, 지금은 기억나지 않는 어떤 얘기의 끝을 "제가 좀 까칠하잖아요"라고 마무리하자, 나의 상담자이자 은사님은 내 자조 섞인 말을 이렇게 받았다.

"자네가 까칠한 면이 있지. 그런데 참으로 따뜻한 면도 있지."

그러면서 나에게 따뜻한 면이 있음을 증명하는 이런저런 일화를 떠올려 얘기하셨는데, 신기하게도 가만히 듣고 있다 보니 내 까칠한 자아가 구원을 받는 것 같았다. '그런 사람' 혹은 '그럴 사람'이 따로 있는 것은 아니다.

뭘 잘했다고

딸이 초등학생이던 어느 날, 지금은 기억나지 않는 일로 야단을 쳤을 때였다. 큰소리로 혼을 내니 애가 울기 시작했고, 애가 우니 더 야단을 쳤다.

"뭘 잘했다고 울어?"

잘한 게 없으니 울지도 말고, 듣기 싫으니 뚝 그치라는 뜻의 이 질문형 관용구는 이런 상황에선 일부러 생각한 것도 아닌데 저절로 입 밖으로 튀어 나온다. 그러면 그다음에 벌어질 장면은, 어른에게 야단을 맞고 울던 아이가 소리를 내지 않기 위해 입을 꾹 다물고 울음을 참는 것이다. 그런데 딸은 더 크게 엉엉 울면서 이렇게 말했다.

"뭘 잘해야 우는 건 아니잖아."

유능한 양육자라면 아이를 자주 야단칠 게 아니라 한 번 야단칠 때 흔들림이 없어야 할 텐데, 딸의 이런 반격에는 십중팔구 생각의 흐름이 막히고 눈의 초점이 흔들린다. '옳지, 그렇지. 뭘 잘했어야 울 수 있는 건 아니지. 속상하면 울 수 있지.' 그렇다. 우는 데에 따로 자격이 있는 건 아니다.

이번엔 딸이 무례한 행동을 했던 어느 날의 이야기다. 아이 행동에 화가 나서 야단을 치다 보니 역시 몸 어딘가에 새겨져 숨어 있던 관용구가 저절로 튀어나왔다.

"네가 뭔데? 어? 네가 뭔데 그래?"

네가 뭔데 그러냐는 말은 누가 남의 것을 마음대로 가져갔거나 남을 함부로 대했거나 아무튼 권리가 없음이 분명한 행동을 할 때, 그의 권한 범위를 확인시켜주는 발언이다. 그러니까 이 말은 질문형으로 발화되나 대답을 필요로 하지는 않는, 그러지 말라는 뜻의 윽박지름에 가깝다.

"네가 뭔데?"

딸은 엄마가 내가 누군지를 왜 묻는지 당최 알 수 없다는 표정으로 잠시 멈칫하더니 이렇게 대답했다.

"나는 나야!"

이번에도 나는 지고 말았다. '그렇지 너는 너지. 그냥 그러지 말라고 하면 될 일이었는데 괜히 윽박질렀구나. 그래, 너는 너야. 하지 않아야 하는 행동은 너도 나도 모두가 하지 않아야지. 너니까, 너라서 하면 안 되는 건 아니지.' 난 또 이런 생각의 샛길로 빠져들고 있었다.

ㅁ

자격. 일정한 신분이나 지위를 뜻하는 말이자 그 신분이나 지위를 갖거나 특정한 일을 하는 데 필요한 조건 또는 능력을 뜻한다. 그러나 우리는 어떤 행동을 할 자격,

어떤 일을 시작할 자격까지 꽤 자주 따진다. 어떤 시도나 하고픈 마음을 품는 것도 자격을 따지는 엄격함 속에서 산다. 뿐만 아니라 감정을 느끼거나 표현할 때조차 자격을 부여한다.

허락받지 못한 감정들이 있다. 충분히 느끼기도 전에, 그 감정의 정체와 이유를 알게 되기도 전에 말이다. 네가 느끼는 그것은 감정이 아니라고, 그렇게 느끼는 게 마땅하지 않다고, 그럴 필요 없다고, 쓸데없는 짓 그만두라고 하는 말들로 부정당한 감정들이 있다. 감정을 허락하지 않고 부정한 사람은 부모이기도 하고, 형제이기도 하고, 다른 어떤 사람이기도 하고, 그러다 결국 나 자신이 된다. 그런데 대체 그 감정들은 어디로 갔을까.

자기는 잘한 게 없어서 속상해하거나 아쉬워할 자격도 없다며, 그때그때 느끼는 감정에서 서둘러 벗어나 다만 죄책감에 머물고자 애쓰던 사람을 안다. 아직 어리던 시절에 혼자 감당하기 어려운 일을 겪었고, 무섭고 두려웠으나 보호받지 못했고, 가족들에게조차 기댈 수 없었던 것뿐인데, 그는 그때 느낀 복잡한 감정들을 모두 죄책감으로 떠안아버렸다. 그 죄책감은 너무나 오래된 깊고 지독한 것이었고, 그는 오랫동안 자신을 벌주느라 다른 어떤 감정도 스스로에게 허락하지 않았다.

그러나 나는 볼 수 있었다. 그의 얼굴에 간혹 스치는 기쁜 표정과 설레는 눈빛, 때로는 마땅한 외로움과 아쉬움의 기색을. 자격을 따지기 전에는 생생했으나 이내 자격이 주어지지 않아 서둘러 숨겨져야 했던 감정들은, 그대로 사그라지지 않고 어딘가에 존재를 감추어 그의 자아를 분열시키는 것만 같았다. 그 모양을 아슬아슬하게 지켜보다가 돌아오는 길엔 다리가 무거웠다. 그의 지독한 죄책감이 합당치 않아서 안타까웠고, 대신 억울했다.

그가 그토록 지독한 죄책감을 떠안게 된 일을 같이 이야기하고 인제 그만 부당한 죄책감에서 벗어나도 됨을 함께 확인하는 과정은 무척 조심스러워서 오래 공을 들여야 했다. 그리고 그 과정의 어느 지점에서 더 이상 죄스럽지 않은 웃음이 머무른 얼굴을 직접 확인한 것은 나에게 큰 기쁨이었다. 그는 우리가 함께 이야기를 나누던 시절이 끝나갈 무렵, 자기 자신에게 이런저런 자격을 부여해서 오랫동안 하고팠던 새로운 일에 도전했고, 나는 그를 한없이 응원했다.

감정을 느끼고 표현할 자격을 가늠하는 것은 해서는 안 될 일이고, 나 자신에게 특히 그렇다. 그래서 틈이 나는 대로 연습한다. 여기저기서 오래 들어서 나도 모르게 각인된 문장들을 입 밖으로 내지 않기 위해. 뭘 잘했다고, 그거 울 일 아냐, 그만 뚝 그쳐, 그만 속상해해도 돼, 이런 어구가 포함되는 문장들.

남들 다

'남들'은 내가 아닌 다른 사람들인데 거기에 '다'가 붙으면 사뭇 다른 뜻이 된다. 뭐가 됐든 어차피 다른 사람들 모두가 그럴 수는 없는데, '남들'에 '다'를 억지를 써가면서까지 붙여놓으니 어떤 효과를 지니게 되는 희한한 말이 '남들 다'인 것이다. '남들 다 가는 휴가'나 '남들 다 하는 연애'와 같은 어절은 누군가를 향한 말이라면 반드시 그 사람을 언짢게 하기 위함이고, 자기 스스로에게 하는 말이라면 꽤 초라한 기분을 느끼거나 불특정한 대상에게 화를 내고 싶을 때 효과가 있다.

미국의 한 대학에 석좌교수로 계신 한국인 기혼 남성 과학자에게 들은 이야기다. 그는 한국에 다니러 오면 "결혼했는데 왜 아이가 없냐"는 질문을 자주 받는다고 했다. 하도 같은 질문을 자주 받다 보니, 이제는 대답 대신 이렇게 반문한단다.

"당신은 왜 아프리카에 안 갔나요?"

사람의 행동을 두고 질문하려면 왜 그런 행동을 했는지를 묻는 게 마땅하지, 그런 행동을 하지 않은 이유를 묻는 것은 이상한 일 아니냐고 덧붙이며. 남들 다 하는 행동을 따라 하지 않는 이유를 묻는 것은 질문 자체가 잘못되었다는 지적이었다. 영장류에게 나타나는 고위 인지 기능의 인지신경학적 메커니즘을 오랫동안 탐구해온 그는 그 분야 최고 연구자인데, 연구 천재는 역시 달랐다. 흔히 우리는 질문을 받으면 그 질문의 프레임에 갇혀서 답을 찾느라 용을 쓰는데, 일상의 많은 질문이 실은 이처럼 질문의 타당함부터 따져봐야 하는 경우가 많다. 묻기 마땅한 질문인가, 무엇을 위한 질문인가, 질문을 바꿀 필요는 없나? 대답을 해도 되는 질문인가 아니면 답하지 않는 게 나은 질문인가?

아프리카 여행으로 치면, 우리나라에서는 아프리카에 가본 적 없는 사람들이 훨씬 더 많으니, 오히려 갔다 온 사람이 질문받는 게 더 흔한 일이겠다.

"왜 갔어? 언제 다녀온 거야? 혹시 NGO 단체에서 일하니?"

혹여 누가 만나는 사람들에게 아프리카에 가지 않은 이유를 묻고 다닌다면, 참 엉뚱한 사람 취급을 받겠지. 그러나 아프리카가 주변 사람들 모두 한 번씩 다 다녀오는 곳이라 나만 빼고 친구들, 가족 모두 이미 다녀왔고 또 갈 것을 계획하고 있으며 시즌마다 아프리카 얘기가 온갖 매체에 나오고 가 있는 사람이나 갔다 온 사람이 대부분인 상황이라면 얘기가 좀 다르다.

사람은 본래 남들 하는 대로 따라 하는 걸 좋아한다. 시험 기간에 다른 학생들이 대충 이 정도 공부할 거라고 짐작한 학생은 그 근거도 없는 판단에 따라 자기도 그 정도만 한다. 대학생이라면 다들 술을 많이 마시니 그게 당연한 거고 문제없을 거라는 비과학적 판단을 한 많은 대학생이 무모한 음주로 위험을 감수한다. 판매 후기의 개수가 주요한 홍보의 수단이 된 온라인 스토어에서는 많은 사람에게 선택받았음을 드러내기 위해 구입 후기를 쓰면 포인트를 준다.

ㅁ

심리학에서는 어떤 사회에서 살아가는 사람들이 일상적으로 따르는 행동 지침을 '사회규범'이라고 부르며, 사회규범 중에서도 특히 남들 하는 대로 하는 것은 '기술記述적 규범'이라 일컫는다. 영어로 'descriptive norm'이라는 표현을 우리말로 바꾼 것이라 아무래도 좀 직관적이지 않고 어색한데, 많은 사람이 하는 행동을 그대로 규범으로 여기는 것을 뜻한다. 즉, '사람들은 대개 뭐뭐 한다'는 식으로 다수의 행동을 설명하는 말은 그 자체로 규범 역할을 한다는 뜻이다.

"사회생활을 하는 성인이라면 술자리에서 소주를 한 병쯤은 다들 먹어."

이런 기술은 그대로 규범의 역할을 해서 나도 술자리에선 소주 한 병쯤은 먹어야 한다. "사람이 서른 전후의 나이가 되면 다들 결혼해"나 "결혼한 사람은 다들 아이를 낳아 키워"라는 기술 역시 규범 역할을 한다. 따라서 나이가 차면 결혼하고 결혼하면 출산하는 것을, 첫 돌이 지나면 걷기 시작하고 두 돌이 지나면 대소변을 가려야 하는 것처럼 모두의 발달 과업으로 여긴다.

사회심리학자들은 사람들이 다수의 언행을 따라 하는 이유 또는 목적을 다음과 같이 설명한다. 타인과 어울려 살기 위해서, 정보가 제한적인 상황에서 쉽게 선택하기 위해서, 실패할 위험을 줄이기 위해서. 비교적 최근에 실시된 한 뇌파 연구는 사람들이 남들을 따라 행동하는 이유와 그 뇌신경학적 증거를 조금 색다른 관점에서 제시했다.[14] 실험참여자들이 두 옵션 중 한 옵션을 선택한 뒤 그 결과로 돈을 잃거나 얻게 되는 평범한 의사결정 실험을 통해서였다. 실험 중 평범하지 않았던 부분은 다른 사람들의 선택이 자신과 같은지 다른지를 보여준 것뿐이었다. 돈을 잃은 피험자의 뇌는 자신의 선택을 오류로 인식하고 처리했는데, 다른 사람들도 다 같이 돈을 잃은 경우에는 오류와 관련된 뇌파 양상이 저조했다. 뇌는 내가 잘못된 판단으로 손실을 입었더라도 같이 손실 입은 사람들이 있으면 내 행동을 그렇게까지 크게 오류로 처리하지 않는다는 것이다. 그래서 다른 사람들과 함께 하면 실패조차 더 잘 견딜 수 있나 보다.

그러니까 따라 하지 않기란 참 어렵다. 소신이 있어야 하고, 소신을 행동으로 옮길 용기가 있어야 하고, 뒤따르는 외로움을 감당할 수 있어야 한다. 그런데 남들 따라 하는 것도 쉽지만은 않다. 한 번뿐인 인생, 실패는 두려우니 일단 남들 다 하는 것을 따라 선택했는데, 내가 잘한 건지, 정말 원하는 것이었는지 모르겠다. 그래서 좋아서 선택한 건 아니어도 선택했기 때문에 좋아하려고 애를 쓴다. 그러다가 다른 선택을 한 사람을 만나면 그 선택에도 별건 없다는 것을 확인하고 싶다. 게다가 남들 다 하는 걸 나는 하려고 해도 할 수 없는 경우도 있다. 아기를 낳고 싶어도 낳을 수 없는 경우가 있고 낳았는데 키울 수 없는 경우도 있다. 진학이나 결혼은 말할 것도 없다. 내가 그걸 하지 않은 것이 어쩔 수 없는 선택이었을 때, 왜 하지 않았냐는 질문은 서럽고 억울하다.

안타까운 사실은, 동시에 수많은 등가의 옵션이 존재한다는 것이다. 정말 수많은 다양한 옵션들이 있다. 재기발랄한 두 명의 사회학자와 한 명의 수학자가 음반 시장에서 메가 히트곡이 어떻게 탄생하는지 알아보기 위해 실험을 했다.[15] 14,341명의 참가자를 대상으로 가상의 음원 사이트에 접속해 여러 새로운 곡들을 선택해 듣게 한 것이다. 실험 결과, 별점 개수(곡에 대한 평가 결과)가 비슷한 곡들 중에서 다운로드 횟수가 많은 곡이 더 많은 사람에게 선택됐는데, 이러한 현상이 다운로드 횟수나 다운로드 횟수 순위를 표시하지 않았을 때는 나타나지 않았다. 즉, 어떤 곡이 특별히 더 좋아서가 아니라 '남들이 더 많이 들은 곡으로 보여서' 더 인기 있었던 것이다.

사람들의 행동이 그려내는 역동적인 파도는 아직은 어떤 변수들로도 방향성을 가늠할 수 없고, 그 방향성의 이유도 설명할 수 없으며, 그저 그 자체를 '기술'하는 것밖에는 할 수 있는 게 없다. 그러나 메인 스트림 밖으로 시선을 돌리면 별점 개수가 비슷한 수많은 옵션이 있다. 하나씩 모두 경험해보긴 어렵겠지만, 찬찬히 살펴보면 그중나한테 제일 맞는 것을 발견할 수도 있을 것이고, 고만고만한 것들 중에서 이거나 저거나 얼른 하나를 골라서 성실하게 내 것으로 만드는 게 중요하단 것을 알게 될 수도 있다. 지구상에 남과 같은 사람은 한 명도 없는데 남들 다 하는 단 한 가지가 있을 리가 있나. 남들 다 하는 것처럼 보인다 해도 실은 다 하는 것이 아니고, 그 남들도 모두 속은 어떤지 알 수 없다.

다만 다짜고짜 질문하지만 않았으면 좋겠다. 남들 다 하는 것을 왜 너는 하지 않았냐는 질문이, 혹여 나도 정말 하고 싶었지만 할 수 있는 형편이 되지 않았던 사람의 마음에 가하는 폭력을 생각해본다. 남들 하는 걸 그저 따라 하기보다는 다른 옵션들을 찬찬히 살펴 자기에게 맞는 것을 선택한 사람에게 그 선택의 이유를 듣고 싶다면, 질문은 좀 다른 형태가 되어야 할 것이다. "왜 하지 않았니?"가 아니라 그걸 하지 않은 너의 삶의 이야기가 듣고 싶으니 해줄 수 있겠느냐는 청유의 문장으로.

창의성

2020년은 보수적이고 배타적이기로 정평이 난 미국 아카
데미 시상식에서 처음으로 영어로 말하지 않는 영화, 그
것도 한국에서 만들어진 〈기생충〉이 작품상을 비롯해 4개
부문의 상을 받은 해로 기억한다. 당시 감독상 수상을 위
해 무대에 오른 봉준호 감독은 수상 소감을 전하며 마
틴 스콜세지의 말을 인용했는데, 그 말은 통역을 맡았
던 샤론 최의 입을 통해 이렇게 발음되었다. "The most
personal is the most creative." 가장 개인적인 것이 가장 창
의적이라는 이 말은 '가장 너다운 것을 하면 된다', '너만

의 것을 찾아라' 등의 메시지로 변주될 수 있을 뿐 아니라 '너의 모습 그대로를 충실히 살아라, 그래도 된다'는 메시지를 담고 있기 때문에 듣는 이를 감동시키고 또 충분히 위로한다. 봉 감독이 그 메시지를 전한 밤, 방구석에서 아직 빛을 보지 못하고 자신만의 숙제를 계속해야 할지 그만 접어야 할지 고민하던 많은 사람이 아마도 남몰래 가슴 벅차하며 늦게까지 잠을 못 이뤘을 것이다.

'가장 개인적인 것이 가장 창의적이다'라는 말은 참에 가까운 명제다. 하늘 아래 같은 뇌^{brain}는 없기 때문이다. 누구라도 나만의 주제, 내가 원하는 것에 집중해 깊이 몰입하면 가장 개인적인 이야기가 만들어질 텐데, 그것은 분명 세상에 하나뿐인 가장 새로운 이야기일 것이다. 게다가 그 개인적인 이야기가 세상과 소통하고 범세계적인 보편성을 획득한다면 그건 정말 소름이 끼치도록 멋진 일이겠다.

창의성의 사전적 의미는 '새로운 것을 생각해내는 특

성'이다. 그러나 심리학에서는 창의성을 좀 다르게, '개인이 처한 특정 문제 상황에서 새롭고 적절한 무엇인가를 만들어내는 능력'으로 정의한다. 심리학에서 창의성을 이렇게 조금 더 구체적으로 정의하는 이유는, 창의성이라는 추상적인 개념을 측정 가능한 것으로 만들어, 과학적 연구 방법을 적용해 탐구하기 위함이다. 다시 말하자면, 심리학에서는 창의성을 '다른 사람이 생각하지 못한 방식으로 문제를 해결하는 능력'으로 정의하며, 지식과 경험, 정보, 생각, 감각 등을 화학적으로 결합해 새로운 것을 만들어내는 연금술에 가까운 것으로 설명한다.

ㅁ

문제는, 우리 사회가 창의성의 조작적 정의를 선택적으로 차용해 '문제 해결'이라는 기능을 발휘할 때만 인정해준다는 데 있다. 아무도 생각해내지 못한 새로운 아이디어가 당장 어떤 성과와 직결되지 못하면 창의적이라고 봐주기는커녕 핀잔을 주거나 야단을 치기 일쑤다. 이렇듯 특정 문제를 해결해야 비로소 '창의성'이라 이름 붙일 수 있다면, 우리 사회에서 창의적이라고 인정받을 만한 사람은 극소수에 불과하지 않을까? 실제로 그렇다. 창의적인 사람이 문제를 해결하는 것이 아니라, 문제를 해결한 사람이 창의적인 사람으로 불린다. 그러나 문제 해결이 필요할 때만 기다렸다는 듯이 발휘되는 창의성이란 그저 많은 이들을 괴롭히기나 하는 허상의 이름일 것이다.

어떤 사람에게 창의성이란 실은 '가장 개인적인' 자기 것을 펼쳐도 되는지 그러면 안 되는지의 문제이기도 하다. 평소 그저 남들이 정해주는 규칙을 조용히 따르거나, 책잡히지 않도록 눈치를 보며 지내거나, 있는 듯 없는 듯 조용히 한쪽에서 몸을 사리고 있어야 했다면, 그가 창의성이 특별히 요구되는 시대를 맞아 자기만의 방식으로 문제를 해결해야 할 때 느닷없이 창의적일 수 있을까?

한 번도 의견을 질문받아본 적이 없는 사람, 한 번도 애써 말한 의견이 받아들여진 적이 없는 사람, 심지어 생각을 얘기하거나 주장했다가 오히려 욕을 먹거나 벌을 받아야 했던 사람은 이미 자신의 개성과 고유한 의견을 봉인해버린 지 오래일 것이다. 특히나 정상성이나 표준, 전통을 선호하는 보수적인 사회에서라면 나이부터 외모, 출신, 소속 같은 인구통계학적 특성에 의해 거부당하거나 비난받은 사람이 많을 것이고, 그들이 가장 개인적인 것에 집중하고 끝내 표현해 세상과 소통하기란 몹시 어려울 것이다.

다시 봉준호 감독 이야기. 2020년 아카데미 시상식을 주름잡은 봉 감독의 당당한 태도와 배포는 이미 전년도에 〈기생충〉을 홍보하는 캠페인 과정에서부터 회자됐다. 미국의 한 문화 잡지 〈벌처Vulture〉와의 인터뷰에서 그는, 지난 20년간 한국 영화가 영향력이 커졌음에도 왜 아카데미 시상식에서는 한 번도 호명되지 못한 것인지 묻는 말에, 아카데미는 국제적인 영화 페스티벌이 아니라 "매우 지역적very local"이라고 답해 큰 화제가 되었다.[16] 실로 놀랍도록 창의적인 대답이었다. 보통은 선택받지 못한 이유를 물으면 자기 자신에게서 문제를 찾기 마련인데, 봉 감독은 선택의 주체가 지닌 한계로 질문자와 독자의 주의를 돌린 셈이니….

ㅍ

아카데미 시상식이 끝나고 한참 뒤에 흥미로운 인터뷰 영상을 하나 보게 되었다. 아카데미 영화제 전후로 봉 감독을 통역해 화제를 모은 샤론 최가 인터뷰어로 등장하는 영상이었다. 인터뷰이는 영국 BBC 드라마 〈킬링 이브〉 시즌 3의 주연을 맡게 된 배우 산드라 오였다. 나이 오십이 되어서야 할리우드에서 주목을 받기 시작한 한국계 캐나다인 산드라 오가 봉준호 감독과 〈기생충〉의 아카데미 수상을 보고 어떤 감회를 느꼈는지 궁금한 사람들이 많았을 거다. 샤론 최는 거기서 한 걸음 더 나아가 좀 더 구체적인 질문을 했다. 영화 산업계 내의 인종차별과 다양성 문제를 언급하며, 〈기생충〉의 아카데미 수상과 미투 운동으로 업계 내에서 변화의 움직임이 느껴지는지 물은 것이다. 산드라 오는 영화계의 인종차별에 관한 일반적인 이야기로 말문을 열었고, 한국에서 나고 자란 사람들은 이 문제를 어떻게 생각하는지 궁금하다고 하며 봉준호 감독 이야기로 말을 이어갔다. 봉준호 감독이 오스카 시상식을 "매우 지역적"이라고 얘기했을 때 큰 충격을 받았고, 아카데미 시상식 관객석에 앉아 본 봉 감독 모습에 굉장히 큰 영향을 받았다는 것이다.

봉 감독님이 오스카는 매우 지역적이라고 했죠. 그게 머릿속에 계속 남아 있었어요. 무대 위의 감독님은 저에게 깊은 영향을 끼쳤어요. 한국에서 자란 한국인, 인종차별적인 사회에서 소수인종으로 자라지 않은 사람의 자유로움 그 자체를 봤죠.

산드라 오가 느낀 충격은 감탄을 넘어서 자기 통찰로 이어졌다.

그는 (영어권 영화인들이 주류를 형성하고 있는 아카데미에서) 유색 인종에 한국 남자이지만, 그에게는 어떤 막 layer이 없고 그저 자유로웠어요. 그래서 그가 아카데미를 '로컬'이라고 했을 때, 사람들은 그런 뜻이 아니었다고들 하지만 너무 세련된 공격이어서 감탄했어요. 너무 훌륭했죠. 그것은 공격이 아니었지만 공격이었고 또 공격이 아니었어요. 그의 시선은 굉장히 자유로운데, 나는 그런 시선으로 보지 못한다는 걸 깨달았어요.

차별이나 홀대를 자주 경험한 사람은 늘 자신을 불안해

한다. 내가 지금 말해도 되나, 물어봐도 되나, 이걸 한다고
나서도 되나, 해도 되나 신경을 쓰고 내가 이러면 사람들
이 네가 뭔데 그걸 하느냐고 비웃지 않을까 걱정한다. 게
다가 일상에서 자신이 속한 집단을 대표해, 차별받을 근
거가 없음을 매 순간 증명하려 애쓴다. 그러느라 힘을 많
이 써버려서 정작 자기만의 창의성을 발휘하기는커녕 남
들 하는 만큼이라도 하려면 몇 배의 노력이 필요하다. 반
면에 차별과 홀대를 경험해본 적이 없는 사람은 새로운
걸 시도해볼 자격이나 내 의견을 표현할 자격 따위를 생
각하지 않는다. 그냥 자기 것을 한다.

　캐나다 이민자 가정에서 자란 아시안 여성으로서, 배우
가 되어 할리우드에 진출하고 유명한 작품에서 어엿한 역
할을 점하며 매체의 인터뷰이가 되고 발언 기회도 생긴
산드라 오. 그는 자신의 인생에 주어진 차별과 편견을 온
몸으로 겪으며 많은 밤을 자성과 자기 검열로 지새웠을
것이다. 매일같이 자신이 할 수 있는 일, 해도 되는 일, 하

면 안 되는 일, 할 수 없는 일을 가늠하느라 소리도 못 내고 고군분투하면서. 그런 산드라 오의 눈에는 이제 보이는 거겠지. 아카데미 시상식 무대에 선 한국 남자 봉준호 감독의 호연지기에는, 차별받지 않아서 주눅들 일 없었던 자유로움이 큰 지분을 차지하고 있음을.

어떤 사람에게는 엄청나게 복잡하고 어려운 일이 누군가에게는 아무렇지도 않아 생각할 필요조차 없는 것을 보는 것은 어쩐지 좀 시원하다. 사람들은 참 다양하고, 어느 한 명도 다른 사람하고 완전히 똑같지 않다. 그래서 사는 모습도 하는 생각도 가지각색이다. 이건 정말 가슴이 두근거릴 정도로 재미난, 상상이 아닌 사실이다. 그러나 차별과 편견이 만드는 다름은 재미가 하나도 없고 다만 억지스러울 뿐이다.

우리가 모두 각자의 고유성을 펼치고, 그것을 통해 소통하고, 자신의 펼침이 남에게 피해를 주지 않는지 살피고, 그 창의적임을 인정받고 인정해줄 수 있다면, 그런 세

상은 존재하지 않는다는 뜻을 지닌 '유토피아'일까. 누구에게라도 편견 없이 가능성을 열어 평가를 유보하는 유토피아에서라면, 가장 개인적이어서 가장 창의적인 생각들이 온 데서 펼쳐질 테니 아마도 창의성이라는 말조차 의미를 잃을지 모르겠다.

긍정

긍정심리학이라는 심리학 연구 분야가 있다. 심리학이 오랫동안 불안, 우울, 정신질환 등 인간 삶의 부정적인 면에 집중해왔음을 지적하며, 이제는 삶의 긍정적인 가치, 행복의 요인 같은 것들을 이야기할 때라고 주장하는 목소리가 1990년대 후반부터 나오기 시작했고, 이것은 학문적 동향 이상의 사회적 무브먼트가 되어 긍정심리학이라는 이름으로 불리게 되었다. 긍정심리학은 행복한 삶에 대한 통찰을 통해 긍정적인 메시지를 제시하면서 21세기 심리학 연구의 흐름을 주도했다. 행복은 스스로 발견하고 창조하는 것이라는 메시지는 많은 사람에게 희망과 동기를 부여했고, 즐거움 찾기, 몰입, 의미 발견, 자신의 강점 찾기, 소통하기, 사회에 헌신하기 등의 노력이 실제로 행복으로 연결된다는 것이 연구를 통해 입증됐다.

긍정심리학 연구의 흐름을 주도한 심리학자는 훌륭한 행동주의 실험 연구자였던 마틴 셀리그먼^{Martin Seligman}이다. 동물에게 피할 수 없는 스트레스를 줌으로써 무기력을 학습하게 하여 우울증에 이르게 하는 실험 연구로 모든 심리학개론 교과서에 이름을 올린 마틴 셀리그먼이 30년 후 긍정심리학의 창시자가 되었다는 사실은, 치밀하게 엮인 플롯을 기반으로 만든 한 편의 드라마 같다.

마틴 셀리그먼이 행동주의 실험 연구자였던 시절, 그가 진행한 실험 연구는 파블로프의 고전적 조건화 실험 이후 개를 실험 대상으로 한 가장 유명한 연구다. 실험용 케이지에 개를 넣고 고통스러운 전기 충격을 주는 실험인데, 어떤 개는 스스로 전기 충격을 멈출 수 있도록 한 반면, 어떤 개는 어떻게 해도 전기 충격을 피할 수 없게 했다. 일정 시간 동안의 전기 충격 실험 후, 셀리그먼은 이번엔 개들이 실험용 박스의 건너편으로 뛰어 넘어가 전기 충격을 피할 수 있도록 했고, 그 결과는 좀 충격적이었다. 이전 실험에서 전기 충격을 스스로 멈출 수 있었던 개는 박스 건너편으로 뛰어 넘어갔지만, 어떻게 해도 전기 충격을 피할 수 없었던 개는 피할 만한 환경이 조성되었을 때도 그저 고스란히 고통을 겪었다. 피할 수 없는 스트레스가 오랫동안 지속되면 무기력을 학습한다는 것. 그것이 학계를 놀라게 한 셀리그먼의 실험 연구 결과였고, 이는 우울증의 발병 과정을 설명하는 대표적인 동물 모델로 자리매김했다.

학습된 무기력learned helplessness을 발견한 마틴 셀리그먼. 그는 삼십 년 후 인간이 긍정적인 태도로 삶의 의미를 찾을 때 개인의 행복뿐 아니라 사회적 성공에 이를 수 있음을 입증하면서 매년 수십억의 연구비를 운용하는 거대한 연구팀의 수장이 되었고, 명실공히 21세기에 가장 성공한 심리학자 중 한 사람으로 전 세계에 초청되어 희망을 전파하고 있다. 마틴 셀리그먼을 2017년 말, 미국 애너하임에서 열린 한 심리치료학회Evolution of Psychotherapy에서 만났다. 그는 역시 대단한 스토리텔러였고, 그가 전하는 희망의 메시지에 심리치료 전문가 그룹 역시 열광했다. 강연이 끝나자 모두 기립하여 손뼉을 쳤는데, 그 뜨거운 열기가 아직 생생하다. 인간이 자신의 행복을 스스로 찾을 수 있고 주변과 연대하여 긍정적인 에너지를 나눌 수 있다는 것은 생각만 해도 정말 가슴 두근거리는 일이다.

그런데 한편, 행복하기 위해서 언제나 모든 경험에서 의미를 찾고 낙관적으로 생각하고 좋은 일에 몰입하라는 것은 어쩐지 힘겹게 느껴진다. 우리는 때로 그럴 힘을 내기 어려울 정도로 고통스럽거나 지쳐 있느라, 힘내라는 말에서조차 상처를 받는다. 발이 묶여 도망갈 수도 없이 고스란히 고통을 견뎌야 했던, 아니 견딘다기보다 그저 고통스러워야 했던 셀리그먼의 그 실험실 개는 과연 당시에 자신의 행복을 위해서 할 수 있는 것이 있었을까? 고통의 의미를 찾고 긍정적인 생각을 하고 낙관적인 미래를 꿈꿀 수 있었을까? 혹여 그럴 수 있었다면 그럼으로써 무기력을 학습하지 않고 지나갔을까? 사방이 막힌 듯 어찌 해볼 도리가 없을 때조차도 과연 긍정심리학의 안내에 따라 애써 행복에 가까워질 수 있는 것인지 정말 잘 모르겠다.

¤

'긍정'이란 '그렇다고 생각하여 옳다고 인정함'이라는 명사다. 이 '긍정'을 체언 삼아 '하다'라는 동사를 붙이면 '그렇다고 생각하여 옳다고 인정한다'라는 뜻이 되고, '적'이라는 한정어를 붙이면 그에 더해 '바람직한 것'이라는 뜻이 추가된다. 그리고 우리는 일상에서 이 '긍정'이라는 말의 용도를 두 가지 뜻으로 혼용한다. "너는 참 긍정적이야"라거나 "긍정적으로 생각해라"라는 말을 할 때는 '부정적인 것에 집중하기보다는 좋은 점에 주목해 바람직하게 생각하라'는 뜻으로 쓴다. 그리고 "긍정한다"라고 할 때는 '맞다(옳다)'는 뜻으로 쓴다. 좌우간 맞고 바람직해야 '긍정'이라는 것이다. 그런데 너나 할 것 없이 약점과 단점을 안고 살고 있으며 세상살이 부정적인 게 이렇게나 많은데, 그런 것들을 무릅쓰고 긍정적인 의미를 찾으라는 메시지는 사실, 부정적인 것도 기어이 긍정적으로 받아들여야 할 것만 같은 부담감으로 이어진다.

2020년, 포브스가 선정한 '아시아 30세 이하 리더 30인'에 뉴닉의 공동대표 김소연과 빈다은이 포함되었다. 뉴닉은 "우리가 시간이 없지, 세상이 안 궁금하냐!"라는 슬로건을 내세워 젊은 세대를 타깃으로 뉴스레터 서비스를 제공하는 벤처 기업이다. 직접 구독 서비스를 받아보니 시의성 있는 뉴스를 선별해 쉽게 잘 정리한 콘텐츠가 꽤 재미있고 유익하다.

뉴닉의 공동대표들은 포브스 발표 이후 미디어에서 뉴닉이 추구하는 가치, 운영 방식, 성공 비결, 앞으로의 방향성에 관한 질문을 많이 받았는데, 한 인터뷰에서도 역시 이런 질의응답이 오가던 중 빈다은 대표가 인상적인 이야기를 했다. 스타트업 기업의 창업자로서, 본인도 나이가 어린데 팀원들에게 방향을 제시하고 리드하는 역할을 하느라 만만하게 보이지 않기 위해 벽을 치며 지내다 보니 힘들었다는 것이다. 그러다 어느 날 회의 시간에 자신의 불완전함과 시행착오의 가능성을 팀원들 앞에서 인정하고, 그럼에도 서로 이해해주고 같이 나아가보자는 내용의 편지를 써서 울며 읽었다 한다.

자신의 약점을 인정하고 드러내는 일에는 엄청난 용기가 필요하다. 듣는 사람의 역량을 믿고 존중해야 가능한 일이기도 하다. 약점을 보이면 안 좋은 결과로 이어질 가능성도 크므로 오죽하면 약점은 늘 '잡히는' 것이고 잡히면 큰일이 난다.

자신의 약점을 드러내 소통의 밑천으로 삼는다는 것은 우리 문화에서는 통 설득력이 없는 이야기이다. '취약성'이나 '부끄러움'을 삶을 끌고 나가는 원동력과 성장, 용기와 연결시켜 여러 나라의 많은 사람에게 감동을 선사하는 작가이자 연구자 브레네 브라운Brené Brown의 책과 강연이 우리나라에서는 특히 인기가 없는 것은 이상한 일도 아니다.

어느 날의 상담 공부 중 선생님께서 오유지족吾唯知足이라는 말이 있지 않느냐고 운을 떼셨다. 오며 가며 들었던 풍월로 아는 체를 했다.

"오직 만족을 알 뿐이라는 것이니, 긍정심리학 같은 거지요?"

그것과는 좀 다르다고 하신다. 긍정도 부정도 다 품고 비로소 만족하는 것. 그것이 오유지족이 아니겠냐는 말씀이었다. 심리학이 부정적인 것만 문제 삼다가 긍정심리학이 나왔는데, 그전에 인간중심 심리치료 이론이 너무 빨리

나왔던 게 아닌가 싶다며 "힘든 게 없으면 좋은 것도 없지. 이런저런 고생을 했기 때문에 지금의 자네가 있는 것이고" 이렇게 마무리하셨다.

　인간중심 심리치료는 1940년대에 심리학자 칼 로저스 Carl Rogers가 발전시킨 이론이자 기법이다. 심리치료자의 역할을, 인간에 대한 신뢰를 바탕으로 내담자의 문제점을 발견해 고치기보다는 그 자신이 갖고 있는 고유의 잠재력과 자아실현 능력을 발휘할 수 있도록 돕는 것으로 본다. 따라서 인간중심 심리치료를 하는 상담가가 갖추어야 할 핵심 조건은 내담자를 무조건 존중하고 인정하는 것이며, 그것은 곧 내담자의 생각, 감정, 행동을 어떤 평가나 판단 없이 그대로 받아들이는 일이다.

　우리는 어떤 상황에 처한 자기 자신을 당시의 생각, 감정, 행동으로 평가하지 않은 채 있는 그대로 받아들이는가? 고통, 좌절 같은 어려움 속에서 애써 의미를 찾고 긍정적이고자 노력하기 전에, 그 어려움을 그대로 느끼고 파도에 몸을 맡겨 마음이 어디로 흘러가는지 집중하는 것 말이다. 어쩌면 진정한 행복의 희망은 오로지 그럼으로써 품어볼 수 있는 것 아닐까.

참고문헌

1   운서주굉 지음, 《선관책진》, 광덕 옮김, 불광출판사, 2008.

2   소냐 류보머스키 지음, 《The How of Happiness: A New Approach to Getting the Life You Want》, Penguin Books, 2008.

3   신형철 지음, 38쪽, 《슬픔을 공부하는 슬픔》, 한겨레출판, 2018.

4   안젤라 더크워스 지음, 《그릿》, 김미정 옮김, 비즈니스북스, 2019.

5   피천득 지음, 195쪽, 196쪽, 《인연》, 민음사, 2018.

미주

1 Jónsson H, Magnúsdóttir E, Eggertsson HP, Stefánsson OA, Árnadóttir GA, Eiríksson O, (⋯) Stefánsson K. (2021). Differences between germline genomes of monozygotic twins. *Nature Genetics*. 53(1): 27-34.

2 기사 원문 링크: https://www.the-scientist.com/news-opinion/identical-twins-accumulate-genetic-differences-in-the-womb-68324.

3 Dindia K, Canary DJ. (1993). Definitions and theoretical perspectives on maintaining relationships. *Journal of Social and Personal Relationship*. 10: 163-173.

4 Lykken D, Tellegen A. (1996). Happiness is a stochastic phe-

nomenon. *Psychological Science*. 7(3): 186-189.

5   Headey B, Wearing A. (1989). Personality, life events, and sub-
jective well-being: Toward a dynamic equilibrium model. *Jour-
nal of Personality and Social Psychology*. 57(4): 731.

6   Diener E, Sandvik E, Seidlitz L, Diener M. (1993). The rela-
tionship between income and subjective well-being: Relative or
absolute?. *Social Indicators Research*. 28(3): 195-223.

7   Lucas RE. (2007). Adaptation and the set-point model of
subjective well-being: Does happiness change after major life
events?. *Current Directions in Psychological Science*. 16(2): 75-
79.

8   Lyubomirsky S, Sheldon KM, Schkade D. (2005). Pursuing hap-
piness: The architecture of sustainable change. *Review of General
Psychology*. 9(2): 111-131.

9   Frömer R, Wolf CKD, Shenhav A. (2019). Goal congruency
dominates reward value in according for behavioral and neural
correlates of value-based decision-making. *Nature Communica-
tions*. 10: 4926.

10 Singer T, Seymour B, O'Doherty J, Kaube H, Dolan R, Frith C.
(2004). Empathy for Pain Involves the Affective but not Senso-

ry Components of Pain. *Science.* 303: 1157 – 1162.

11 Cox CL, Uddin LQ, Di Martino A, Castellanos FX, Milham MP, Kelly C. (2012). The balance between feeling and knowing: affective and cognitive empathy are reflected in the brain's intrinsic functional dynamics. *Social Cognitive and Affective Neuroscience.* 7(6): 727–737.

12 Ackerman RA, Kashy DA, Donnellan MB, Neppl T, Lorenz FO, Conger RD. (2013). The interpersonal legacy of a positive family climate in adolescence. *Psychological Science.* 24(3): 243–250.

13 Werner EE, Smith RS. (1992). Overcoming the odds: High-risk children from birth to adulthood. Ithaca, NY: Cornell University Press; Werner EE, Smith RS. (2001). Journeys from childhood to midlife: Risk, resilience and recovery. Ithaca, NY: Cornell University Press.

14 Yu R, Sun S. (2013). To Conform or Not to Conform: Spontaneous Conformity Diminishes the Sensitivity to Monetary Outcomes. *PLOS ONE.* 8(5).

15 Salganik MJ, Dodds PS, Watts DJ. (2006). Experimental study of inequality and unpredictability in an artificial cultural market.

Science, 311(5762): 854-856.

16 기사 원문 링크: https://www.vulture.com/2019/10/bong-joon-ho-parasite.html.

맺힌 말들

초판 1쇄 펴낸날 2021년 12월 20일
　　2쇄 펴낸날 2022년 6월 10일

지은이 박혜연
펴낸이 이은정
마케팅 정재연

제작 제이오
디자인 피포엘
조판 김경진

펴낸곳 도서출판 아몬드
출판등록 2021년 2월 23일 제 2021-000045호
주소 (우 10364) 경기도 고양시 일산동구 호수로 672, 305호
전화 031-922-2103 팩스 031-5176-0311
전자우편 almondbook@naver.com
페이스북 /almondbook2021 인스타그램 @almondbook

ⓒ박혜연 2021
ISBN 979-11-975106-9-4 (03180)